HOMELESS to BILLIONAIRE

Homeless To Billionaire
© 2019 Andres Pira.
Original English language edition published by Forbes Books 18 Broad Street, Charleston South Carolina 29401, USA.
Arranged via Licensor's Agent: DropCap Inc. All rights reserved.

All rights reserved.
No part of this publication may be used or reproduced in any form or by any means without written permission except in the case of brief quotations embodied in critical articles or reviews.

Korean Translation Copyright © 2025 by Nodeul
Korean edition is published by arrangement with DropCap, Inc, through BC Agency, Seoul

이 책의 한국어판 저작권은 BC에이전시를 통해 저작권자와 독점계약한 노들에 있습니다.
저작권법에 의해 보호를 받는 저작물이므로 무단 전재와 복제를 금합니다.

시크릿을 현실로 만든 한 남자의 이야기

노숙자에서 억만장자로

안드레스 피라, 조 비테일 지음 | 이경식 옮김

노들

목차 ★

추천의 글 + 6
서문 정말 당신의 인생을 바꾸고 싶다면 + 8
들어가며 당신의 삶도 기적이 될 수 있다 + 13
프롤로그 나는 어떻게 해서 억만장자가 되었나 + 18

PART 1.
삶의 밑바닥에서 모든 것을 바꾸는 법

지금의 현실은 당신의 선택이 만들었다 + 25
끝났다고 생각될 때, 다시 시작하라 + 41
왜 당신의 끌어당김은 작동하지 않는가 + 56
열정은 우주를 움직이는 가장 강력한 에너지다 + 64

PART 2.
현실이 즉각 바뀌는 감정 정리의 기술

머리로만 생각하지 말고, 가슴으로 느껴라 + 73
감사하는 마음가짐의 스위치를 켜라 + 86
감정을 잘 다루기만 해도 원하는 현실이 창조된다 + 97
오직 긍정적인 진동의 감정만을 받아들여라 + 110

PART 3.
끌어당긴 것을 제대로 받는 강력한 도구

축하하는 마음은 풍요의 에너지를 불러온다 + **127**
하나를 주면 10배의 행운으로 돌려받는다 + **135**
거대한 발상이 거대한 부를 끌어당긴다 + **149**

PART 4.
부정적인 에너지에 무너지지 않는 세 가지 힘

시련과 문제를 넘어설 때 진짜 성장이 시작된다 + **167**
진심 어린 사과는 마음의 파동을 긍정으로 바꾼다 + **180**
건강한 신체 에너지가 당신의 주파수를 높인다 + **190**

PART 5.
기적을 일상으로 만드는 사람들의 방식

진정한 부는 '돈'이 아닌 '시간'의 여유에서 온다 + **203**
성공을 빠르게 현실화하는 사람은 '이것'을 알고 있다 + **218**
사람에 투자하는 것이 최고의 끌어당김 전략이다 + **227**
미래를 현재로 끌어오는 주문: Do-Be-Go-Have + **237**

에필로그 모든 것은 이미 당신의 것이다 + **253**

추천의 글 ✦

"정신이 실제 현실에 어떤 것을 창조한다는 증거를 원하는 사람이라면 이 책을 읽을 필요가 있다. 청년 안드레스는 노숙자였지만 나중에 억만장자가 된다. 그가 제시하는 18가지 원리는 탁월하다. 정말로 효과가 있다!"

— 밥 프록터, 세계적인 베스트셀러 『생각의 시크릿』, 『본 리치』의 저자

"정말 재미있게 읽었다. 재산을 일구는 내용이 마치 스릴 넘치는 이야기처럼 읽힌다. 시간을 내서 안드레스 피라의 세계를 방문해보라. 그러면 엄청난 보상을 받을 것이다."

— 게이 핸드릭스, 심리학자, 『나를 사랑하는 방법』의 저자

"영감을 주는 기적적인 이야기를 담고 있는 필독서이다. 독자 스스로 기적을 창조하는 데 도움이 될 황금 넛지들, 그리고 효과가 입증된 부의 증식 원리를 담고 있다."

— 데비 앨런, 강연자, 『높은 보수를 받는 전문가』, 『성공은 쉽다』의 저자

"이 책을 읽는 동안 번영을 약속하는 화려한 체육관 프로그램에 함께하는 느낌이 들었다. 어떤 책 속으로 들어가서 당신의 모든 금융 관련 근육을 강화하는 데 필요한 그 모든 도구와 장비를 찾는다는 상상을 하라. 조와 안드레스는 이 책으로 그런 상상을 가능하게 만들었다. 인생의 모든 영역에서 성공을 거두는 데 필요한 상식적인 지혜와 영감으로 가득 찬 책이다. 다음 단계의 성공을 노릴 준비가 되어 있는 사람이라면 반드시 읽어야 할 책이다."

— 아이크 앨런, 영적 지도자

"성공과 관련된 책을 많이 읽기도 하고 쓰기도 했지만, 이 책에는 내가 한 번도 본 적이 없는 어떤 요소가 담겨 있었다. 노숙자가 억만장자로 변신하는 모험은 누구도 쉽게 상상할 수 없는 일이다. 이 책의 주인공이자 저자는 10대 시절에 벌써 알코올 중독자가 되었지만, 나중에는 자선사업가가 되었다. 이런 변신은 그가 실패에서, 그리고 또 끊임없이 이어진 학습을 통해서 교훈을 얻었기 때문에 가능했다. 당신을 부자로 만들어줄 18가지의 소중한 기법을 배우고 싶은 사람에게 이 책을 강력하게 추천한다."

— 조셉 슈가맨, 블루블로커 BluBlocker Corporation 의장

"거지에서 부자로 변신한 안드레스의 이야기는 모든 것이 가능함을 명백하게 입증한다. 이 책은 선행을 위한 긍정적인 힘이 되는 강력한 원리들을 담고 있다. 빠르고 쉽게 읽히지만 시도하는 모든 것에서 성공을 거둘 수 있는 영감과 실천적인 전략을 제시한다."

— 데보라 토레스 파텔, '국제 명예의 전당' 대변인, 『슈퍼스타처럼 말하라』의 저자

"이 책은 당신이 세워두고 있는 거대한 사업적 목표를 분명하게 드러내는 데 필요한 실천적인 여러 단계를 제시하면서 당신에게 풍성한 영감을 안겨줄 것이다. 끌어당김을 주제로 다루면서도 이 책처럼 마음가짐과 관련된 이야기를 이렇게 깊이 하며 또한 과학과 실제 사례들로 튼튼하게 뒷받침되는 내용을 담은 다른 책을 찾아보기는 어렵다. 그렇기에 이 책은 시도해볼 가치가 충분히 있다. 나는 이 책을 집어 든 다음에는 내려놓을 수 없었다."

— 제나 가벨리니, 『텐 미닛 머니메이커』의 저자

"정말 마음에 든다! 효과가 있으며 영감을 주는 책이다! 이 책은 고전으로 남을 것이다!"

— 크리스티 휘트먼, QSCA Quantum Success Coaching Academy(양자성공코칭아카데미) 설립자

"『노숙자에서 억만장자로』는 단순한 이야기책이 아니라 당신을 어둠의 세상에서 빛의 세상으로 인도하는 강력하고도 믿음직한 로드맵이다. 안드레스가 걸어온 여정은 당신에게 우리 모두가 경험하는 '바닥의 순간들'을 연결해줄 것이다. 또한 그의 여정 속에서 한 차례씩 성공이 실현될 때마다 당신은 희망과 기쁨을 느낄 것이다. 그의 여정을 들여다보면서 당신은 그가 발휘했던 엄청난 용기와 집중력에 많은 영감을 얻을 것이다. 그러나 이 모든 것보다 훨씬 더 중요한 것이 있다. 당신 역시 '결코 포기하지 않는' 승리의 마음가짐을 확실한 효과를 보장하는 튼튼한 원리들과 결합시키기만 하면 당신 역시 그 어떤 어려움도 이겨내고 성공한 사람이 될 수 있음을 보여주는 살아 있는 증거가 바로 안드레스라는 점이다. 만일 당신이 한 단계 높은 수준으로 올라서고자 한다면, 이 '성공 매뉴얼'이 당신에게 영감을 줄 것이다."

— 리사 윈스턴, 『너의 전환점』의 저자,
텔레비전 프로그램 〈마인드셋 리셋 쇼 The Mindset Reset Show〉의 공동 진행자

서문 ✶

정말 당신의 인생을
바꾸고 싶다면

: 잭 캔필드Jack Canfield, 『성공 원리』의 저자, 『영혼을 위한 닭고기 수프』의 공동 저자

16년이 넘는 세월 동안 안드레스에게 멘토링을 한 것은 나에게 큰 즐거움이었다. 그런데 흥미로운 점은, 내가 그를 멘토링하면서도 그 사실을 전혀 알지 못했다는 것이다. 안드레스는 나를 만나기 전부터 이미 여러 해 동안 내 책을 연구하며 거기에서 제시한 교훈들을 실천하고 있었다. 나는 그동안 '인생을 바꿔주는 원리'를 배우고 싶어 하는 전 세계 수백만 명과 함께 일을 해왔지만, 안드레스는 좀 달랐다. 그는 나에게 '내가 제시하는 원리'들이 옳다는 것을 증명해 보라고 했다.

자수성가한 사업가이자 내 훌륭한 친구인 클레멘트 스톤(성공한 사업가이면서 자기 계발서 저자. 무일푼에서 시작해 자수성가한 인물의 대명사다-옮긴이)은 "뚜렷한 목적이야말로 모든 성취의 출발점이다"라

고 했다. 이보다 더 정확한 말은 없을 것 같다. 목적이 없는 사람은 어디로 가야 할지 몰라 헤맨다. 방향감각이 없는 사람은 당연히 길을 잃는다. 그런데 안드레스처럼 젊은 사람이 그 진리를 정확하게 이해한다는 사실에 나는 깜짝 놀랐다.

유명한 저술가이자 라디오 방송 진행자인 얼 나이팅게일은 "지향점이 명확하고 목적의식이 분명한 사람이 키를 잡은 배는 항구를 떠나 정확하게 목적지에 다다를 확률이 99퍼센트"라고 했다. 안드레스는 이 점을 본능적으로 알고 있었다. 심지어 가장 어려운 고난의 시기에도 그랬다. 평생 남에게 가르침을 주는 사람으로 살아왔던 나는 안드레스의 이야기에 깊은 흥미를 느꼈다.

여러 해 전, 나는 사람들의 머리와 가슴을 활짝 열어주고 싶다는 마음으로 변혁적 리더십 분야(미국 정치학자이자 역사학자인 제임스 M. 번스가 1978년 처음 사용한 개념. 조직 구성원과 합의한 공동 목표를 추진하며, 주어진 목적의 중요성과 의미에 대한 인식 수준을 끌어올려 구성원이 개인적 이익을 넘어서 자신과 집단, 전체의 이익을 위해 일하도록 만들어 기대 이상의 성과를 얻어내는 리더십을 말한다-옮긴이)에서 두각을 나타내는 뛰어난 지도자들, 교육자들, 저자들, 영화제작자들과 함께 변혁적 리더십 위원회Transformational Leadership Council를 만들었다. 우리는 함께 변혁의 길에 들어서고자 하는 학생들을 찾아다녔다. 전 세계에는 우리를 필요로 하는 학생들이 많았고, 그 사실에 마음 깊이 감사했다. 그 과정에서 나는 내 가르침이 틀렸음을 입증하려 들던 안드레스를 만났고, 지금 그는 자신의 인생을 바꾼 과정을 책으로 썼다. 내가 이 책의 서문을 쓰는 기분이 어떨지는 독자의 상상에 맡기겠다.

안드레스는 오랜 세월 동안 키잡이가 없는 배처럼 떠돌면서 하루하루를 보냈다. 그러나 마침내 자신의 목적과 열망을 발견했다. 론다 번의 『시크릿』과 같은 책들을 읽으면서 배운 모든 것을 삶에 적용했고, 온갖 오르막길과 내리막길 속에서 그 목적과 열망을 달성하려고 차근차근 노력했다. 한때 스웨덴 뒷골목을 전전하던 그가 태국 남부에서 가장 존경받는 부동산 개발업자가 되리라고, 또 대부분의 사람이 무엇을 하면서 살아야 할지 고민할 나이에 억만장자가 되리라고 누가 상상이나 할 수 있었겠는가?

이 책을 처음 펼쳤을 때 나는 꿈을 꾸기보다 체념에 익숙해진 젊은이들이 떠올랐다. 재능도, 배경도, 환경도 자신을 가로막는 벽처럼 느끼는 이들, 변화는커녕 이미 몇 번의 실패를 겪고 더 이상 시도조차 하지 않게 된 이들 말이다. 그러나 안드레스의 이야기를 따라가다 보면 어느새 마음속으로 이렇게 말할지도 모른다.

"이건 이미 알고 있어. 그런데 나는 안드레스가 했던 방식대로 해볼 생각은 한 번도 하지 않았어."

이 책은 실제 현실에서 마주치는 다양한 상황 속에서 가장 강력한 끌어당김의 원칙들을 어떻게 적용할 수 있는지 보여준다. 사업에 있어서 안드레스는 기존의 논리를 거부한다. 기업은 대부분 수

입과 지출에만 집중한다. 그래서 지출을 낮추기 위해 직원의 급여를 최소한으로 줄이려고 노력한다. 그러나 안드레스는 직원에게 보다 더 많은 급여를 줘야 한다고 주장한다. 많은 고용주가 직원을 일꾼으로만 생각하지만, 안드레스는 직원을 마치 가족처럼 여기며 각자가 자기 삶 전반을 주도적으로 변화시킬 수 있도록 돕는다. 또 삶의 변화는 곧 보이지 않는 흐름을 다루는 법을 배우는 과정이라는 걸 일깨워준다. 아울러, 안드레스는 자신이 터득한 '끌어당김의 법칙'을 직원들에게 알려주며 불가능한 것을 믿을 수 있는 힘을 갖도록 도와준다.

그는 돈을 버는 방법, 운과 성공을 끌어당기는 방법을 알고 있다. 그의 이런 모습은 내가 만났던 그 어떤 사람과도 다르다. 그를 처음 만났을 때 (이 자리에는 조 비테일과 밥 프록터(자기 계발 분야의 유명 인사. 연설가, 작가, 컨설턴트, 멘토로서 세계 여러 곳의 단체와 개인들을 대상으로 일한다-옮긴이)도 함께 있었다) 우리는 그가 이미 많은 것을 배웠지만, 여전히 더 깊은 지혜에 목말라 있다는 사실을 금방 알 수 있었다.

지금 당신이 손에 들고 있는 이 책에는 안드레스가 경험한 매혹적인 이야기뿐만 아니라, 희망보다 절망하기가 더 쉬운 지금 시기에 적용할 수 있는 끌어당김의 핵심이 담겨 있다. 이 책은 남에게 베푸는 것이 가져다주는 효과, 목표 설정의 힘, 보다 크게 생각하는 방법, 직원들에게 동기를 부여함으로써 수익을 불려나가는 방법, 감정을 통제하고 자기 인생에 나타나는 부정적인 요소들을 제거하는 방법 등을 다룬다. 또한 그가 자기 계발 분야의 여러 스승에게서 배운 모든 비밀을 어떻게 삶에 적용했는지 구체적으로 다룬다. 그렇기 때문에 이 책은 다른 어떤 책과도 구별됨과 동시에 독자가 자신의 삶을 변화시키는 개인적인 회고록이기도 하다.

내가 『영혼을 위한 닭고기 수프』를 쓸 때만 해도 백만 명이나 되는 사람이 내 책을 읽으리라 상상조차 하지 못했다. 하지만 안드레스는 백만 명의 독자가 자신의 책을 읽는다 하더라도 전혀 놀라지 않을 것이다. 그는 성공을 기대하는 법을 이미 배워서 알기 때문이다. 안드레스는 세상에 목표를 말하고, 그 목표가 이루어질 것이라 믿으며, 또 그것이 실현되는 모습을 볼 것이다. 바로 이것이 노숙자이던 그가 억만장자가 될 수 있었던 방식이다.

안드레스는 "교사가 자기 일을 제대로 하면 이 교사는 필연적으로 학생이 된다"는 사실을 내게 일깨워주었다.

들어가며

당신의 삶도
기적이 될 수 있다

: 조 비테일 Joe Vitale, 『시크릿』의 참여 저자, 『호오포노포노의 비밀』의 저자

"당신은 당신이 상상하고 믿는 모든 것을 이룰 수 있다."

나폴레온 힐의 이 말은 인생을 바꾸는 비밀에도 적용될까? 마음의 힘만으로, 즉 마음을 바꾸는 것만으로 우리의 삶이 정말 바뀔 수 있을까? 그렇게만 하면 성공할 기회가 주어질까? 끌어당김의 원리를 다룬 『유인력 끌어당김의 법칙』, 『시크릿』, 『생각하라! 그러면 부자가 되리라』 등의 책이 정말 저자의 의도대로 작동할까? 사람들은 나에게 이런 질문을 늘 한다. 한 마디로 대답하면, 확실하게 "그렇다"고 답할 수 있다. 어떻게 확신하느냐고 묻는다면, 이 책이 바로 그 증거이다. 이 책은 낯선 땅에서 노숙자로 살아가던 한 사람이 오직 자신의 힘으로 억만장자가 된 이야기다. 백만장자도 아니고, 수백만장자도 아닌 억만장자이다.

나는 2017년, 파리에서 안드레스를 처음 만났고, 이후 태국에서 그가 처음 진행하는 라이브 세미나에서 강연을 했다. 태국 어느 해변을 전전하던 20살의 노숙자, 굶어서 허기지고 절망하고 또 자기 처지에 화가 나 있던 안드레스는 인생에서 가장 밑바닥 생활을 한 그곳에서 구원의 길을 발견하리라고는 전혀 생각하지 못했다. 그런데 어느 날, 친구가 건넨 론다 번의 책 『시크릿』이 그의 운명을 바꾸었다.

물론 그의 성공은 하룻밤 사이에 이루어지지 않았다. 그러나 그는 지금 19개의 회사를 운영하고 있으며, 200명이 넘는 직원을 고용하고 있다. 그는 태국 남부에서 가장 유명하고 큰 규모를 가진 부동산 개발업자이다. 그는 『시크릿』에서 배운 비밀을 지금도 여전히 현실에 적용하면서 한결 더 뚜렷하고 의미 있는 결과를 만들어내고 있다. 게다가 그의 성공은 끝난 게 아니다. 이제 막 시작했을 뿐이다.

다른 게스트들과 함께 라이브 행사에 참여했을 때 나는 그를 연단으로 불러냈다. 그러고는 힘겹게 살아남아 성공을 거둔 인생 이야기를 사람들에게 들려주라고 설득했고, 그는 생애 처음으로 연단에 올랐다. 그때 나는 그가 성공을 거두는 과정에서 사용했던 원리들을 꼭 글로 정리해두라고 조언했고, 그 이야기를 책으로 내고 싶다면 기꺼이 돕겠다고 했다. 당신은 그렇게 해서 나온 책을 지금 읽고 있는 것이다.

나는 그보다 2배나 나이가 많지만, 우리 두 사람 사이에는 공통점이 많다. 나도 한때 노숙자였고, 10년이 넘는 세월 동안 가난에서 벗어나려고 발버둥을 쳤다. 그렇게 아무것도 없던 상태에서 무언가를 일궈낸 경험이 있다. 책도 펴냈고, 심지어 영화에도 출연했으며 여기에 다 쓸 수도 없을 만큼 많은 것들을 이루었다.

하지만 이런 나조차도 안드레스에게 배울 점이 많다는 걸 깨달았다. 해변을 외롭게 전전하던 노숙자가 믿을 수 없을 정도로 화려한 비치 리조트를 짓는 부동산 개발업자가 된 과정에서 그가 발견한 것들이 정확히 무엇인지 알고 싶었다. 독자도 그것이 무엇인지 무척 궁금할 것이다.

안드레스는 모든 사람에게 영감을 준다. 나는 그가 독자에게 해주지 않을 이야기를 하나 해주려 한다. 그것은 사랑과 감사에 대한 교훈이며, 당신이 인생을 바꾸기 위해 열심히 노력해야 하는 이유를 설명하는 이야기이기도 하다.

2018년 초, 안드레스의 어머니는 질병으로 위중한 상태였다. 어머니는 아들을 위해 자기 인생 전부를 희생했는데, 궁극적으로는 안드레스가 많은 경험을 할 수 있도록 허락해줌으로써 망가진 그의 영혼을 자유롭게 해준 사람이기도 했다. 안드레스는 어머니가 얼마 살지 못한다는 것을 알고 어머니 곁을 지키기 위해 모든 것을 내려놓았다. 스웨덴에 있던 어머니를 방콕으로 모셔 와 최고의 의료진을 붙였고, 어머니가 사랑하던 사람들을 그녀의 곁으로 불러

모았다.

의사는 어머니에게 시한부 생명을 선고했다. 남은 시간은 얼마 되지 않았다. 어머니는 아들에게 마지막으로 2가지 소원을 말했다. 하나는 가족이 함께 있으면 좋겠다는 것이었고, 또 하나는 오랜 세월 지낸, 고향 같은 스웨덴에서 마지막 숨을 거두고 싶다는 것이었다.

안드레스는 곧바로 여기저기 전화를 걸어 개인 전용기를 임대하고, 어머니를 보살필 의사와 간호사로 구성된 의료진을 고용했다. 일부는 그녀와 함께 비행기에 동행하게 하고 일부는 스웨덴에 남아 돌보도록 했다. 그는 어머니의 마지막 소원을 이루기 위해 돈을 아끼지 않았고, 심지어 스웨덴에서 그녀 곁에 머물 수 있도록 자신의 누이들과 형제까지 데려왔다. 가족은 어머니와 함께 매일 시간을 보내며 4주를 함께했다. 그리고 그녀는 가족이 곁을 지키는 가운데 스웨덴에서 눈을 감았다.

그가 살아온 이야기를 모두 듣고 나면 당신은 그가 어머니를 위해서 한 일들이 왜 그에게 그토록 중요했는지 알게 될 것이다. 그가 어머니에게 해줬던 그 모든 것은 결국 그의 어머니가 자기 인생에 끼쳤던 커다란 영향에 바치는 존경심의 표현이었다. 어머니를 위해서 했던 모든 일은 물론 그가 부자였기 때문에 가능했다. 독자도 안드레스가 그랬듯이 이 책을 통해 사랑하는 사람에게 모든 것을 해줄 수 있는 자유를 누리기를 바란다.

마지막으로 한 가지 덧붙이자면, 이 책을 읽으면서 다음의 말을 가슴에 꼭 새기길 바란다.

"기적이 일어날 것이라고 기대하라."

내가 진심으로 믿는 말이기도 하고, 당신에게 꼭 하고 싶은 말이기도 하다.

프롤로그 ✦

나는 어떻게 해서 억만장자가 되었나

어쩌면 당신은 내가 설명하려고 하는 끌어당김의 여러 원리를 이미 들어서 알고 있을지도 모른다. 그래서 아마도 이 책을 읽으면서 "이건 나도 아는데……"라고 혼잣말을 할지도 모른다. 아니면 이런 내용을 한 번도 읽거나 들은 적이 없어서 상식 정도로 치부해 버릴지도 모른다. 2가지 반응 모두 괜찮다. 사실 나도 지식이라는 게 우리가 인생에서 원하는 모든 것을 가져다주지 않는다는 걸 어렵게 깨달았다. 우리가 원하는 것을 가져다주는 것은 지식 그 자체가 아니라 행동이다.

당신은 끌어당김의 원리를 실천으로 전환하는 방법 그리고 자신의 잠재력을 온전하게 발휘해 당신이 바라는 성취를 실현하는 방법을 이 책에서 배울 것이다. 무엇이든 끌어당기는 이 원리들을 내가 온전하게 익히기까지는 만만치 않은 세월이 걸렸다. 뒤에서 알게 되겠지만 나는 처음부터 억만장자로 인생을 시작하지 않았다. 운이 좋아서 19번째 생일을 무사히 맞았을 뿐이다. 그리고 내 인생 밑바닥 시절의 어느 한 시점에서, 책 한 권을 통해 지식의 힘이 얼마나 큰지를 깨달았다. 여러 권의 책에서 습득한 지식을 연구하고 배우고 또 실천함으로써 나는 내가 살던 '생존의 생활방식'을 '풍성함과 가능성의 생활방식'으로 바꾸었다. 내가 경험한 것들은 그야말로 놀라웠다. 그저 경외감에 사로잡혔고, 지금은 그 모든 사실에 감사한다.

어쩌면 당신은 끌어당김의 법칙과 그것이 실현되는 과정을 의심의 눈으로 바라볼 수도 있다. 전 세계 수백만 명의 독자가 동기부여를 주제로 다룬 여러 책들을 읽었지만, 그들이 모두 다 자기가 원하던 결과를 얻지는 못했으니까 말이다. 그러나 분명히 성공과 실패를 가르는 요인이 있다.

내가 회사를 만들고 운영하면서 부를 끌어당기고 무한한 기회를 여는 데 사용했던 이 법칙들은 내가 실제로 사용하면서 경험했던 엄청난 변화에서 영감을 얻은 것들이다. 내 이야기가 조 비테일과 같은 세계적인 강연자뿐만 아니라 전 세계 사람들에게 공감을 얻는 이유는 이 원리들이 단순히 이론이 아니라 오랜 세월에 걸친 연구와 시행착오, 끈질기게 이루어졌던 훈련의 결과이기 때문이다. 성공한 사업가로서 나는 이 원리들을 당신의 인생에 적용할 때 얼마든지 바라던 결과를 얻을 수 있다고 자신 있게 말할 수 있다. 그리고 내 개인적인 이야기를 통해서 그 원리들을 자신의 것으로 만들어 당신의 인생이 한층 더 풍부해지기를 기대한다.

  이 책에 담긴 가르침은 수많은 책과 멘토들에게서 배운 것이다. 대부분은 수백 년 전부터 내려온 지혜이며 또 최근의 학문적 연구를 통해 확인된 것들이다. 그 밖의 다른 것들은 여러 해 동안 내가 다양한 회사를 창업하고 키우면서 직접 발견한 교훈들이다. 내가 정리한 이 법칙들은 오랜 시간 동안 실천하고 검증해온 결과이며, 지금도 실천하고 있는 것들이다. 처음에는 어색하게 느껴질 수도 있지만, 나를 믿고 끈기 있게 마지막까지 함께하길 바란다. 아마 얼마 지나지 않아 당신은 각각의 원리를 현실에 적용하는 일이 그리 어렵지 않다는 걸 금방 깨달을 것이다. 굳이 한꺼번에 실천하려다가 제풀에 지쳐 쓰러지는 일은 없기를 바란다. 책을 읽어나가는 동안 당신이 지금 당장 실천할 수 있는 원리가 무엇이고 오랜 시간 뜸을 들이면서 해나가야 할 원리가 무엇인지 분명하게 구분할 수 있을 것이다. 각각의 원리는 각자 독특한 가치를 품고 있다.

  나는 이 책에서 소개하는 원칙들을 실천하면서 살아온, 전 세계의 성공한 사람들을 오랫동안 지켜보았다. 이제는 당신 차례다. 당신만의 끌어당김의 여정을 시작하라.

───────────── ✦ ✦ ✦ ─────────────

마음이 상상할 수 있고

믿을 수 있는 것은

무엇이든 실현될 수 있다.

따라서 당신은

당신이 상상하고 믿는 모든 것들을 이룰 수 있다.

───────────── ✦ ✦ ✦ ─────────────

HOME

PART 1.

BILLIO

LESS

삶의 밑바닥에서
모든 것을 바꾸는 법

to NAIRE

HOMELESS to BILLIONAIRE

지금의 현실은
당신의 선택이 만들었다

나는 어릴 때부터 부모님이 나를 자랑스럽게 '내 아들'이라고 내세울 만한 사람은 결코 되지 못할 거라고 확신했다. 이런 잘못된 생각이 하마터면 18살 생일을 맞이하기 전에 나를 죽음으로 몰아넣을 뻔했고, 그 뒤로도 나를 절망으로 이끌었다.

나는 콜롬비아의 작은 섬에서 태어났다(그가 태어난 해는 1981년으로 알려져 있다-옮긴이). 카리브해에 있는 산 안드레스$^{San\ Andres}$라는 섬이었다. '안드레스'라는 내 이름도 이 섬에서 딴 것이다. 아버지는 어린 나이에 고향인 스웨덴을 떠나 아름다운 푸른 바다로 둘러싸인 이 섬에 음식점을 열었다. 아버지가 어머니를 만난 곳도 바로 이 섬이다. 당시에는 섬의 치안이 좋지 않아서 어디에 가든 아버지는 늘 권총을 휴대했다. 부모님은 자식들이 스웨덴에서 교육을 받게 하려고 온갖 고생을 마다하지 않았다. 거주지가 안전하지 않다는 사실, 그리고 자식들에게 더 나은 교육 환경을 마련해주고 싶다는 바람은 어머니가 여동생을 임신했을 무렵, 큰 희생을 감수하면서까지 부모님이 스웨덴으로 돌아가기로 결심했던 결정적인 이유였다.

내가 3살 무렵 우리 가족은 스웨덴으로 이사를 했고, 그로부터 4년 뒤에 부모님은 이혼했다. 두 분은 한 번도 내게 이유를 말하지 않았지만, 부모님이 이혼할 즈음 집안의 유리잔이며 그릇 등이 깨지는 소리를 듣지 않으려고 내 방에서 귀를 막은 채 울었던 기억이 있다. 그리고 제발 그 소리가 들리지 않게 해달라고 기도했다. 하지만 그때 나는 이미 부모님 사이가 예전처럼 다시 좋아지지 않을 것임을 알았다. 어린 시절을 되돌아보면 단편적인 기억들만 떠오를 뿐 자세한 것들은 거의 생각나지 않는다.

아버지는 꽤 엄격해서 학교 수업을 마치고 집으로 돌아오면 즉시 숙제를 하라고 했다. 밤마다 아버지는 공책 검사를 하면서 내가 숙제를 제대로 했는지 확인했다. 숙제로 제출된 문제를 하나라도 틀리면 나는 다시 방으로 들어가야 했고, 그날 숙제 범위를 완전히 익힐 때까지는 그 방에서 나갈 수 없었다. 아버지의 냉정한 훈육 방식에 화가 났던 밤들이 그렇게 이어졌다. 그러나 내 인생에서 유효하게 사용할 소중한 기술들을 그때 익히기도 했다. 지식을 쌓는 데 전념하거나 규율을 중시하는 태도를 기르는 데 아버지의 가르침은 큰 도움이 되었다. 어머니의 가르침도 학교에서는 배울 수 없는 것들이었다.

부모님은 이혼했지만 서로 가까운 곳에서 살았다. 나는 두 분을 정기적으로 만났는데, 어쩌다가 한 분과 사이가 틀어지기라도 하면 다른 한 분 집에서 지내곤 했다. 나는 수없이 많은 밤을 어머니 집과 아버지 집을 떠돌면서 '나는 어디에 속하는 존재인지' 알아내려고 애를 썼다. 당시의 나는 일상적인 부분조차 스스로 전혀 통제할 수 없다는 생각에 압도되곤 했다. 두 분의 집 사이를 헤매며 인생의 실패자가 되려는 온갖 행동에 몰두했다.

나는 '똑똑한 아이'라는 평가보다 '거친 아이'로 보이는 게 더 중요했다. 선생님들이 문제를 낼 때 나는 답을 알면서도 한 번도 손을 들지 않았다. 그건 내가 만들어낸 일종의 파사드(어떤 이미지를 드러내기 위한 겉모양-옮긴이)였다. 학교에서 나쁜 행동으로 지적을 받고 벌을 받은 적도 많았다. 학교 통풍관에 썩은 생선을 몰래 넣어두어 혼이 나기도 했는데, 그 썩은 생선 비린내 때문에 학교가 사흘 동안 문을 닫기도 했다.

독일 철학자 아르투어 쇼펜하우어는 "인간의 행복에 방해가 되는 것은 고통과 지루함이다"라고 했다. 지루함에 대해서는 확실히 그의 말이 맞았다. 충동에 이끌리는 데 익숙했던 나에게 지루함은 두말할 나위 없는 적이었다. 지루함은 내가 올바른 결정을 내리는 걸 가로막았다.

그때 왜 나는 스스로를 해칠 수도 있는 그런 짓에 초점을 맞추고 살았을까? 왜 나 자신을 파괴하고 싶어서 그렇게나 안달했을까? 대답은 간단하다. 목적이 없이 살았기 때문이다. 내가 할 수 있는 선택들과 거기에 따른 결과들을 연결하지 못한 채 그저 터벅터벅 아무 생각 없이 인생길을 걸었을 뿐이다.

내 인생의 첫 번째 전환점

15살 때 나는 고등학교를 자퇴하고 진탕 놀기만 하는 생활에 중독되었다. 추구할 목표도 없고 좋은 일이든 나쁜 일이든 시끌벅적한 일이 일어나기만을 바랐다. 그때 내 인생은 말 그대로, 놀고 마시고 흘러가는 대로 사는 삶이었다.

또래 아이들이 대부분 학교에 다닐 때 나는 스톡홀름의 거리에서 거의 매일 취해 있었다. 흐릿한 정신으로도 하루하루를 버텨내는 요령에 점점 익숙해져 갔다. 함께 불량배 집단에 속해 있던 친구들도 나와 같은 생각이었고, 그들이 있어서 길거리를 어슬렁거리기가 한결 편했다. 그렇게 몰려다니던 친구들은 자기들끼리 싸우기도 하고 또 다른 패거리와 싸우기도 했다. 그런데 스톡홀름 뒷골목에는 규칙이 하나 있었다. 약한 모습이나 두려움은 절대로 보이지 말라는 것이었다. 나는 쏟아지는 주먹질과 발길질을 감내하면서 아무리 아파도 고통을 절대 드러내지 않았다. 그런 생활이 오래 계속되면 모든 감각이 무뎌진다.

나의 10대 시절을 생각하면 3가지가 떠오른다. 사람들을 피하는 것, 술을 마시는 것, 그리고 합리화하는 것이다. 앞에서도 말했듯이 나는 부모님이 자랑스러워할 만한 어떤 일을 해낼 자신이 없었다. 그래서 나는 특별한 목표도 없이 그냥 그렇게 살았다. 이미 패배자가 되어버린 것 같은 느낌이었다. '굳이 이제 와서 무언가를 성취하려고 애를 쓰고 일할 필요가 뭐 있어?'라고 생각했다.

당시 나는 평생 알코올 중독자로 사는 길을 향해 걸어가고 있었다. 한두 번의 실수로 감옥에서 평생 썩을 수도 있었고, 일찌감치 관에 드러누울 수도 있었다. 나는 체포되는 데에도 익숙했고, 싸움을 걸거나 제멋대로 구는 데도 익숙했으며, 아무런 이유 없이 말썽을 일으키는 데에도 도사였다. 그러다 18살이 되던 해에 '나는 과연 19번째 생일을 맞을 수 있을까?' 하는 생각을 했다.

나이를 한 살씩 더 먹으면서 신체적으로도 더 강해졌고 나의 분노도 그만큼 더 거세졌다. 길거리나 술집에서 싸우는 일이 점점 더 잦아졌고 격렬해졌다. 내 인생의 첫 번째 전환점은 어느 폐건물의 계단에서 잠이 깼을 때였다. 머리는 멍하게 무겁기만 했고 옷에는 땟국물이 줄줄 흘렀다. 그곳이 어디인지, 내가 어떻게 거기까지 가서 잠들었는지 도무지 알 수 없었다. 그때 나는 큰 소리로 중얼거렸다.

"나는 지금 죽은 선가? 내가 죽었나?"

나는 그 계단에서 하루를 꼬박 보냈다. 머리와 나머지 몸이 분리된 것 같았다. 나는 깨진 유리 조각 위에 누워 있었다. 나는 죽은 상태로 잠이 깼고, 그곳은 죽은 자들이 지나가는 계단이라는 생각이 아무리 떨쳐버리려고 해도 끈덕지게 달라붙었다.

집에 돌아갔는데, 어머니의 표정을 도무지 읽을 수 없었다. 어머니는 한마디 말도 하지 않았다. 어머니의 상처와 걱정과 실망과 절망과 분노가 나의 온몸을 타고 흘렀다. 그 느낌은 그동안 내가 받았던 그 어떤 주먹질이나 발길질보다 더 아팠다.

내가 집에 돌아왔다는 말을 들은 아버지는 어머니와 '안드레스를 어떻게 할 것인지'를 두고 논쟁을 벌였다. 나는 곧바로 어린 시절로 돌아갔다. 혼자 내 방에 웅크리고 앉아서 귀를 막았고, 눈에서는 하염없이 눈물이 흘렀다.

나는 갈림길에 서 있었다. 만일 나에게 무슨 일이 생기기라도 하면 어머니가 자기 책임이라고 느낄지 모른다는 생각이 들었고, 그 생각은 두려움으로 바뀌었다. 아들이 망나니짓을 하고 돌아다니도록 내버려두고 결국 아들을 죽음으로까지 몰아넣고 말았다며 괴로움에 몸부림칠 수도 있었다. 하지만 그렇다고 해서 아버지가 정한 규칙에 따라 살고 싶지는 않았다. 무엇보다 이제 더는 두 사람이 소리를 높여 싸우는 모습을 보고 싶지 않았다. 나는 나를 책임져야 했다. 적어도 그때부터는 그렇게 해야만 한다고 생각했고, 난

생처음 일자리를 가지겠다고 결심했다. 인생의 가장 밑바닥에서 내린 이 결정은 그야말로 기념비적이었다.

인생을 바꾼 내면의 목소리

나의 첫 일자리는 텔레마케팅 사무실에서 선납 심^{SIM} 카드를 파는 일이었는데, 하루에 8시간 동안 200~300통의 전화를 해야 했다. 나는 그 일이 지긋지긋할 정도로 싫었고, 여전히 깜깜한 어둠 속에 있는 것 같았다. 내 마음이 그렇게 암울했다는 비유적인 표현이긴 하지만, 실제 세상도 다르지 않았다. 근무 시간이 정오부터 저녁 9시까지였기 때문에 일을 마치고 퇴근할 시간에는 이미 밖은 깜깜하고 추웠다. 일과 관련된 모든 것이 다 싫었다. 주중에는 출근해야 해서 술을 마시며 노는 것은 주말에만 하기로 다짐하고, 주중에는 최소한의 사람만 만났다. 파티도 안 되고 술도 안 되고 싸움도 안 되니, 스톡홀름 뒷골목을 함께 쓸고 다니던 불량배 친구들을 멀리해야 했다. 일하는 시간을 제외하면 사회적인 관계라고는 아무것도 없는 외톨이가 되었다.

책임감을 유지해야 하는 새로운 생활방식 때문에 나는 우울증에 빠졌다. 아무런 동기도, 의욕도 없었다. 나를 우울하게 만드는 그 일을 그저 계속 붙잡고 있을 뿐이었다. 내가 마음먹었던 인생

경로에서 벗어나시 않으려면 친구들을 만나지 않아아 했고, 파티를 벌이며 술을 퍼마시지 말아야 했다. 나는 철저히 혼자였고 고립되었다.

그런 상황 때문에 내 마음은 적개심, 좌절, 자기연민, 분노 등으로 들끓었다. 내가 하는 생각들은 언제나 이런 감정들로 뒤덮여 있었다. 일하러 가기 싫었고, 출근하지 못할 구실은 얼마든지 만들 수 있었다. 그러다 결국 해고되었다. 나는 나를 해고한 회사와 관리자들, 나와 통화한 고객들을 욕했다. 이렇게 된 것은 내 잘못이 아니라고 여겼다. 책임지고 싶지 않을 때 누구나 하는 그 말을 내가 나 자신에게 하고 있었다. 교육을 많이 받지 못한 사람은 결코 좋은 일자리를 가질 수 없다고 믿었다. 마치 사방이 꽉 막혀 있는 느낌이었다.

의사는 내게 우울증을 치료할 3가지 약을 처방해주었다. 나는 지긋지긋한 하루하루에서 벗어나고 싶은 간절한 마음에 그 약을 먹었다. 그러나 상태가 더 나빠졌다. 나는 외부 세상과 완전히 고립되었다. 누군가 나를 만나러 찾아온다는 망상에 사로잡혀 집 현관 앞에 서서 그 '누군가'를 몇 시간씩 기다리기도 했다. 내 정신은 완전히 무너져 있었다. 절망의 가장 깊은 깜깜한 어둠 속에 있던 그때 어떤 목소리가 들려왔다.

"이보다 더 나아질 수 있을 텐데……."

목소리는 점점 더 끈질기게 달라붙었다. 그 목소리는 (지금은 그

것이 우주의 목소리임을 알고 있다) 나에게 무언가 말하려 했다. 하지만 나는 들을 준비가 되어 있지 않았다. '이보다 더 나아질 수 있을 텐데……'라는 내면의 말은 들을 수 있었지만, 무엇을 어떻게 해야 할지 도무지 알 수 없었다. 이런 일이 반복되자 마침내 목소리는 전술을 바꾸었다.

그해에 할아버지가 갑작스럽게 세상을 떠나셨다. 아무런 전조 증상도 없이 그런 일이 일어났다. 나는 벽돌로 뒤통수를 세게 얻어맞는 것 같은 충격을 받았다. 할아버지의 죽음으로 내 머릿속에는 하나의 생각이 또렷하게 떠올랐다.

"여기에서 벗어나지 않는 한 내가 이보다 더 나아질 일은 결코 없을 것이다."

살아날 조금의 가능성이라도 붙잡고 싶다면, 모든 것을 뒤로하고 떠나야 했다. 흔적도 없이 사라져서 내가 인생에서 진정으로 원하는 것을 찾아야 한다는 걸 마음 깊은 곳에서 직감으로 느꼈다. 세상을 새롭게 바라보려면 모든 것과 거리를 둘 필요가 있었다.

두 달 뒤, 나는 할아버지가 여동생 린다와 남동생 크리스티안, 그리고 나에게 각각 2천 달러를 남기셨다는 걸 뒤늦게 알았다. 아버지는 수표를 건네면서 "나중에 학교에 다닐 수도 있고 먼 훗날 다른 용도로 쓸 수도 있으니까 저금을 하라"고 특별히 당부했다. 2천 달러를 손에 쥐고 나니 갑자기 어떤 영감이 떠올랐다.

"이 돈으로 비행기를 타고 멀리 다른 곳으로 가자!"

그렇게 하면 모든 것을 새로 시작할 수 있을 것 같았다. 편도 항공권이 나를 어디까지 데려다줄지, 거기에 가서 내가 무엇을 할 것인지, 아는 사람이라곤 한 명도 없는 그곳에서 과연 내가 살아남을 수 있을지 아무것도 알 수 없었다. 망설임이 없지는 않았지만, 그때마다 나는 그 망설임을 사정없이 밀쳐버렸다. 내가 들었던 그 목소리는 이제 이렇게 말하고 있었다.

"'어떻게'에 대해서는 아무 걱정하지 마."

끌어당김의 첫 번째 원리는 자신이 원하는 것을 정확하게 아는 것이다. 이루고 싶은 특정한 목표를 정하고, 그 목표가 인생에서 어떤 의미를 얼마나 중요하게 가지는지 명확히 알아야 한다. 그 목표를 마음 한가운데 두고 새로운 기회가 나타날 때마다 목표를 향해 행동하는 것이 성공의 열쇠이다. 하지만 내가 항공권을 샀을 때 이 사실을 알고 있었을까? 전혀 아니다. 지금 생각해보면 무의식적으로 이 원리를 알게 되었다는 점에 감사하다. 나는 하고 싶고, 되고 싶고, 가지고 싶은 것에 정확하게 초점을 맞추고 있어야 한다는 사실을 이해할 뿐이었다.

나는 인생을 변화시키겠다고 마음먹은 이후 잭 캔필드, 조 비테일, 브라이언 트레이시, 나폴레온 힐 등 성공의 대가들이 쓴 책을 읽고 그들의 세미나에 참석했다. 그러면서 성공한 지도자들과 세상에서 가장 부자로 꼽히는 사람들에게는 공통점이 있다는 것을 발견했다. 그것은 바로 자기 목표를 구체적으로 설정하고 그것을 종이에 적어두는 것이었다. 학술 연구, 성공한 사람들의 조언, 그리고 내 경험을 봐도 목표를 글로 써두는 건 무조건 해야 할 일이었다. 해마다 1월 초에 나는 그해에 성취할 101가지 목표를 적는다. 그저 적어두는 것뿐이지만 효과는 실로 놀랍다. 나는 이 방식을 적용해 수많은 회사를 운영하는 데 큰 도움을 받았다.

나는 고등학교 중퇴자이고 흙수저 출신의 전직 불량배다. 한때 노숙자, 파산자였고 또 우울증 환자였다. 이런 상황에도 불구하고 나는 믿을 수 없을 만큼 큰 성공을 이뤄왔다. 사실 나는 다른 사람과 별다를 게 없다. 그렇지만 철저히 목표에 초점을 맞추고 엄격한 규율을 지켜 부와 운, 무한한 기회를 끌어당길 수 있었다. 이처럼 목표 설정은 강력한 힘을 발휘한다.

목표를 설정하는 7단계

인생의 목표가 무엇이냐는 질문을 받으면 대부분은 자신의 목표가 무엇인지 몰라서 분명하게 말하지 못한다. 내가 사업으로 큰 성공을 거둔 요인은 여러 가지가 있지만, 직원들에게 목표 설정 연습을 시키고, 각자 꿈을 꾸는 방법을 가르친 데서 비롯되었다고 생각한다. 내가 활용하는 구체적인 목표 설정 방법은 다음과 같다.

1. 자기 인생에서 원하지 않는 것들을 모두 적는다.
2. 더 쓸 게 없으면, 맨 마지막에 있는 항목 아래에 줄을 긋는다.
3. 다른 종이에 방금 쓴 내용과 반대되는 것을 적는다. 예를 들어, '가난하게 살고 싶지 않다'라고 적었다면 '부자로 살고 싶다'라고 적으면 된다. 또 '외롭게 살고 싶지 않다'라고 적었다면 '사람들과 좋은 인간관계를 맺으며 살고 싶다'라고 적으면 된다. 이런 식으로 '병에 걸리고 싶지 않다'는 '건강하게 살고 싶다'로, '평생 여기에만 박혀서 살고 싶지 않다'는 '여기저기 여행을 다니면서 새로운 것들을 보고 싶다'로 바꾸면 된다.
4. 이번에는 "오늘은 구체적으로 무엇을 시작할 수 있을까?"를 정리한다. 인생에서 당신이 원하는 것 각각을 구체적으로 열거하는 것이다. 예를 들어, "내가 즐길 수 있고 또 나를 부자로 만들어줄 일 중에 오늘 어떤 것을 할 수 있을까?"가 될 수도 있고, 만일 사람들과 좋은 인간관계를 맺으며 살고 싶다면 "사람들과 함께 어울리며 존재감을 느끼고 인생을 사랑할 수 있게 해줄 활동 중에 오늘 어떤 것을 할 수 있을까?"가 될 수도 있다. 또 건강하게 살고 싶다면 "나를 건강하게 유지해줄 어떤 활동을 오늘 할 수 있을까?"가 될 수도 있다.
5. "오늘은 구체적으로 무엇을 시작할 수 있을까?"의 목록을 정리한 다음에는 가장 끌리는 5개를 선택해서 동그라미를 치고, 이 목표들을 달성하기 위한 실천 시간표를 작성한다. 그다음 5개를 선택해서 똑같이 한다. 이렇게 모든 항목의 실천 시간표를 만들고 마감 시한을 설정

한다.

6. 이 최종 목록을 늘 가까이 두고 바라보면서 실천하고, 필요한 경우에는 세부 사항이나 시간표를 조정한다.
7. 원하지 않는 것을 인식하고, 그것을 원하는 방향으로 전환해가는 과정 속에서 비로소 실천 의지와 행동이 결합된 '진짜 목표'의 토대가 만들어진다. 이 과정은 긍정적으로 살아가기 위한 훈련이기도 하다.

나는 종종 직원들과 함께 그들이 설정한 목표를 놓고 이야기를 나누곤 한다. 이 경험은 직원들에게 강한 동기를 부여했고, 실적에서도 분명한 변화가 나타났다. 6년 전 우리 회사에 입사한 어떤 직원은 인생에서 특별하게 바라는 것이나 목표가 없었다. 그런데 내가 제공한 원리들을 자기 것으로 만들기 위해 꾸준히 배우고 구체적인 행동 계획을 세워 하나씩 실천한 결과, 6년 동안 92개의 목표 중 83개를 달성했다.

사람이 마음속으로 상상하는 것과 실제 행동으로 실천하는 것 사이에는 연관성이 있다. 마음속의 시각화는 우리가 원하는 것과 그것을 이룰 수 있는 신체적 능력을 연결시켜준다. 이 과정에서 뇌파의 흐름이 변화하고, 결국 현실을 끌어당기는 힘이 작동하게 된다. 나는 이 원리를 '저절로 끌어당겨지는 힘의 원리'라고 부른다.

하버드대학교에서 생각이 뇌에 어떤 영향을 미치는지 알아보기 위해 한 가지 실험을 했다. 피실험자들을 두 집단으로 나누어 한 집단에게는 실제로 피아노를 연주하게 했고 다른 십난에게는 마음속으로 피아노를 연주하게 했다. 두 집단의 피실험자들은 지적 수준이 동일했고, 이들 가운데 따로 피아노 연주 훈련을 받은 사람은 아무도 없었다. 연구자들은 한 집단에게는 날마다 특정 음계들을 피아노로 연주하게 했고, 다른 집단에게는 매일 동일한 음계를 피아노로 연주하는 상상을 하게 했다.

연구자들은 가상 및 실제의 피아노 연주가 피실험자의 뇌 활동에 어떤 영향을 주었는지 확인하기 위해 피실험자들이 가상으로든 실제로든 피아노 연주를 시작하기 전에 그들의 뇌를 촬영했고, 피아노를 연주하는 일정 기간이 지난 뒤에도 똑같은 방식으로 그들의 뇌를 촬영했다. 결과는 흥미로웠다. 두 집단에서 모두 손가락 운동을 관장하는 뇌 부위가 상당한 수준으로 활성화되어 있었다. 이 결과는 단순한 상상만으로도, 실제 피아노를 연주한 것처럼 뇌가 변화한다는 사실을 입증했다.

그렇다면 목표를 설정할 때 주의해야 할 점은 무엇일까? 목표를 말할 때 '부자가 되고 싶다'거나 '건강하게 살고 싶다'처럼 막연하게 표현하면 안 된다. 이런 표현은 진짜 목표를 구체적인 세부 단계로 쪼개기 위한 출발점일 뿐이다. 새로운 목표를 설정할 때는 반드시 다음의 3가지 질문을 던져야 한다. 그리고 그 질문에 스스로 정확히 답할 수 있어야 한다.

1. 이 경험을 내가 직접 누린다면 구체적으로 어떤 모습일까?
2. 이 목표를 달성할 때까지 얼마나 오래 전력을 다해야 할까?
3. 내가 이 목표를 달성했을 때 어떤 느낌일까?

예를 들어, '건강하게 살고 싶다'는 목표라면 다음과 같이 말할 수 있다.

"나는 올해 추가로 5만 달러를 더 벌고 싶고, 적어도 넉 달 안에 이 목표를 달성하고 싶다. 그 추가 수입으로 가족을 돌보고 빚을 갚을 수 있으니 마음이 편안해질 것이다. 그러면 정신적인 스트레스가 줄고 신체 건강도 균형을 찾을 것이다. 건강한 몸과 마음을 가질 생각을 하니 기쁘고 행복하다. 이런 상태를 잘 유지하면 다른 목표를 이루는 데에도 도움이 될 것이다."

밝고 생생한 마음속의 그림들은 인생에서 기회를 만들어내는 데 필수 요소다. 그 목표에 '어떻게' 도달할 것인지는 몰라도 된다. 그냥 당신이 원하는 것이 무엇인지 그리고 그것을 달성했을 때의 기분이 어떨지만 명확하게 생각하고 또 느껴라.

과거를 바꿀 수는 없다.
그러나 미래는 자기가 상상하기에 따라
어떤 모습으로든 펼쳐질 수 있다.
하지만 상상만으로는 미래가 달라지지 않는다.
사람들은 대부분 위대한 성취를 꿈꾸지만,
그 꿈에서 깨어나 실천으로 옮기는 사람은 극히 드물다.

끝났다고 생각될 때, 다시 시작하라

만약 당신이 집을 나서려는데 다시 집으로 돌아올 수 있을지 없을지 모른다면, 부모에게 뭐라고 말하겠는가?

나는 회사에서 해고당한 뒤 신경과민으로 지친 상태였다. 그러나 내가 인생에서 원하는 것을 얻고자 힘을 내 발걸음을 뗀 시기이기도 하다. 부모님에게 이제 모든 것을 새로 시작해야겠다고 말할 참이었다. 내 인생에 부정적인 것들이 다시 내 발목을 잡고 늘어지기 전에 무언가를 해야만 했다.

나는 부모님과 집에서 마주 앉았다. 나는 바닥만 바라보며 머릿속에 맴도는 생각들을 정리했고 마른침을 삼켰다. 한동안 침묵만 흘렀다. 내 머릿속에는 하나의 생각이 딱딱하게 뭉쳐 있었다.

'이제 다시 과거로 돌아갈 수는 없다!'

그때, 마치 내가 아닌 누군가가 말하듯이 어색한 말들이 내 입에서 튀어나왔다.

"떠나려고요. 떠나기로 마음을 먹었어요. 잠깐이 아니라 영원히요. 여기서는 더 버틸 수 없어요. 여기선 어떻게 해볼 도리가 없어요. 내 인생…… 내 인생이 완전히 꼬여버려서 달리 방법이 없어요."

내 말이 어머니에게 얼마나 큰 상처를 줄지 알았기에 고통스러웠다. 어머니는 내가 행복한 인생을 살 수 있도록 쉼 없이 일했다. 아버지는 내가 제정신으로 말하고 있는지 의심했지만 곧 최대한 이성적으로 나를 바라보려고 했다. 나는 주머니에서 항공권을 꺼냈다.

"할아버지가 남겨주신 돈은 이미 써버렸어요. 이걸 샀거든요."

내내 한마디도 않던 어머니가 마침내 고개를 들어 나를 바라보았다. 나를 바라보는 어머니의 눈빛이 내 마음을 흔들었다.

'어떻게 이런 어머니를 두고 떠난단 말인가? 어쩌면 영영 다시 못 볼지도 모르는데…….'

두 손이 덜덜 떨리기 시작했다. 무슨 말이든 해야 했다. 그래야 어머니의 눈빛을 바꿀 수 있었다. 다행히 어머니가 먼저 말을 했기에 굳이 그러지 않아도 되었다.

"애야, 그래…… 가거라! 네 마음이 시키는 대로 해라. 네가 옳다고 느끼는 것을 해라. 가서 혹시라도 모든 게 잘못되면 언제든 다시 집으로 돌아오거라. 내가 언제든 두 팔 벌려 기다리고 있을 테니까."

승낙이었다. 어머니는 내가 마음껏 세상을 경험하도록 허락해주었고, 고문과도 같은 이 고통에서 풀어주었다. 그날 우주가 준 선물은 내게 다른 선택지가 없다는 사실을 믿게 해준 것이었다. 곧바로 행동을 취하는 것, 그곳을 벗어나면 내 인생이 나아질 것이라는 생각에 따라 주저 없이 행동하게 한 것이 그날 우주가 나에게 준 선물이다.

마침내 나는 스웨덴을 뒤로하고 방콕에 도착했다. 빨리 비행기에서 내려 파란 바다와 흰색 모래사장을 걸으며 내 생애 첫 코코넛 워터를 마시고 싶었다. 그러나 비행기에서 내린 후 맨 처음 내 눈에 들어온 것은 한 번도 보지 못했던 고층 빌딩들과 도로를 가득 메운 자동차들이었다. 내가 마음속에 그리던 천국을 찾아 나섰고 마침내 천국에 발을 디뎠다고 생각했는데, 정작 나를 맞아준 것은 메마른 건물들, 자동차들, 가게들 그리고 수천 명의 무표정한 사람들뿐이었다. 바다도 없었고, 백사장도 없었고, 야자수도 없었다. 스웨덴을 떠나기 전, 나는 친구들과 함께 며칠 동안 파티를 즐기기만 했지 내가 살게 될 태국이라는 나라에 대해서는 단 1분도 조사하지 않았다.

인생 최고의 버스 여행

태국에 도착했을 때 내 주머니에는 달랑 100달러만 남아 있었다. 할아버지가 내 몫으로 남겨둔 유산 가운데서 남은 것은 그것뿐이었다. 바다를 보기 위해 푸껫으로 가려면 너무 멀었고, 또 비행기를 타야 했다. 그러나 내가 가진 돈으로는 비행기를 탈 수 없었다.

다행히 내 말을 알아듣는 여행사 직원이 일러준 대로 푸껫으로 가는 버스를 타기로 했다. 18시간이 걸린다고 했다. 50달러를 주고 승차권을 샀다. 딱히 갈 곳도 없고 내가 할 수 있는 일도 별로 없었기에 일찌감치 버스 승차장이 있는 곳으로 갔다. 그리고 승차장 맞은편에 있던 공용 벤치에 자리를 잡고 앉았다.

다른 벤치에는 남자 두 명이 앉아 술을 마시고 있었다. 그들은 나와 눈이 마주치자 손짓으로 나를 불렀다. 길거리에서 친구들과 어울려 술을 마시는 풍경은 내게 낯설지 않았고, 냉큼 그들에게 다가갔다. 내가 푸껫으로 가게 된 이야기를 하자 그들은 좋은 생각이라고 했다. 그곳에는 관광객이 많아서 돈이 많이 돌기 때문이라고 했다. 그 말을 들으니 왠지 마음이 놓였다.

두 사람은 내게 쌀을 발효해 만든 '라오카오'라는 태국 위스키를 마셔본 적이 있냐고 물었다. 그들은 그 술이 맛있지만 독하다고 말했다. 나는 이제 곧 버스를 타고 18시간의 여행을 하면서 새로운 인생을 시작할 참이었기에 충분히 축하할 일이었다. '술을 마시고 취기가 있으면 버스에서 잠도 더 푹 자겠지'라는 생각으로 한 모금, 두 모금 마시다 보니 금방 열 모금이 되었다. 나는 의식을 잃었고, 얼마 후 움직이는 어떤 기계 장치 안에서 깨어났다. 사방이 깜깜해 휴대폰 불빛을 비춰서 주변을 둘러보았다. 온갖 형태의 가방들이 보였다. 다시 공황 발작이 일어났다.

'어째서 내게 이런 일이 일어난 걸까?'

정신이 아득하고 호흡이 가빠졌다. 내가 할 수 있는 일이라고는 희미한 휴대폰 불빛으로 주변을 비춰보는 것뿐이었다. 그제야 나는 흰색 담요 위에 누워 있고 주변에 온갖 가방들이 빽빽하게 놓여 있음을 알았다. 그리고 그곳이 버스의 짐칸임을 알아차렸다.

승객이 저녁을 먹을 때가 되어서야 버스는 정차했고, 운전사가 와서 짐칸 문을 열어주어 나는 밖으로 엉금엉금 기어 나왔다. 밖으로 나오긴 했지만 어떻게 된 일인지 도무지 알 수 없었다. 버스 운전사가 들려준 말은 이랬다.

버스가 정류장에 도착하기도 전에 나는 두 청년에게서 얻어 마신 술에 취해 벤치에 누워 있었다. 푸껫행 버스가 와서 두 청년이 나를 깨웠지만 나는 정신을 차리지 못했다. 독한 술에 취해 완전히 정신을 잃어버린 것이다. 그런데 나와 함께 술을 마시던 청년들이 내가 푸껫행 버스표를 끊었다는 사실을 알고 있었기에 버스 기사에게 나를 태워 가라고 부탁했다. 기사는 태워 가긴 해야겠지만 혹시라도 버스 안에서 토하거나 다른 승객들에게 민폐를 끼칠지 몰라 망설이다 마침내 꾀를 하나 내었다. 나를 짐칸에 태우는 것이었다. 그래서 하얀색 담요를 바닥에 깔고 그 위에 나를 눕힌 뒤에 베개를 받쳐주었다. 또 버스가 요동칠 때 짐칸에서 이리저리 구르지 않도록 내 주변에 무거운 가방들을 빙 둘러놓았다.

  나는 버스 짐칸에 실려 푸껫까지 간 일이 우연이라고만 생각했다. 내게 그런 일이 일어날 수밖에 없었던 필연적인 이유를 도무지 알 수 없었다. 그때만 하더라도 나는 내가 한 선택과 이후 벌어질 결과 사이의 연결점을 찾을 수 없었다. 지금 돌이켜보면, 그 버스 여행은 내 인생에서 그 어떤 버스 여행보다 안락했다. 그리고 두 청년은 버스 기사에게 나를 태워 가도록 부탁해 나를 구해준 것이나 마찬가지였다. 우주는 내가 곧 고향이라고 부르게 될 태국에 사는 사람들의 친절함과 관대함을 보여주고자 했던 것이다.

  푸껫에 도착했을 때 내 손에는 40달러밖에 없었다. 나는 흥분과 공황을 동시에 느꼈다. 그 아름다운 곳에서 새로운 인생을 시작할 준비가 되어 있었지만 어떻게든 빨리 일자리를 찾는 게 먼저였다.

  나는 해변을 따라 난 도로변에 줄지어 선 호텔을 찾아다니며 3개 국어를 할 줄 아는, 돈을 벌고 싶은 마음이 굴뚝같은 청년이 할 수 있는 일자리가 있는지 물었다. 그리고 둘째 날, 드디어 일자리를 얻었다. 호텔 관리자는 시험 삼아 일을 시켜보고 잘하면 정식으로 채용하겠다고 했다. 길거리 관광객들을 상대로 광고 전단을 나누어주면서 호텔의 할인 이벤트나 여러 가지 여행 상품을 소개하는 일이었다. 내가 나눠준 전단을 들고 호텔을 찾는 관광객의 수에 따라서 수수료를 받는 방식이었는데, 돈벌이는 형편없었다. 그래도 어쨌거나 나는 태국에서 일자리를 얻었다. 아이러니하게도 나는 관광객들에게 광고 전단을 나누어주면서 마치 내가 그곳에서 평생을 살았던 것처럼 푸껫에서 즐길 수 있는 온갖 아름다운 것과 재미있는 것을 줄줄 읊어댔다. 정작 나는 단 하나도 경험하지 못했으면서 말이다.

나는 선풍기 한 대, 침대 하나, 샤워기 하나가 딸린 작은 방을 빌렸다. 당시에 나는 한 주에 기껏해야 15달러, 많아야 30달러밖에 벌지 못했다. 집세를 내고 약간의 수프를 먹으면 금세 돈이 바닥났지만 그래도 행복했다. 그리고 마침내 푸른 바다와 하얀색 백사장과 코코넛 나무를 가졌다.

나는 하루에 100바트(약 3달러)를 가지고 살았다. 그 돈으로 쌀국수 한 그릇(30바트)과 일을 하기 위해서 빌린 오토바이에 넣을 기름(50바트)을 샀고, 남은 돈으로는 휴대폰 심^{SIM} 카드를 리필했다. 나는 집세를 낼 돈으로 술을 퍼마셨다. 하루에 겨우 쌀국수 한 그릇을 사 먹을 여유밖에 없어서 친절한 쌀국수 가게 주인에게 부탁해 외상으로 끼니를 해결했다.

하지만 그런 관대한 대접만 있는 건 아니었다. 어느 날 아침, 나는 문짝을 부서지도록 두드리는 소리에 놀라 잠에서 깼다. 문 앞에는 경찰관 세 명이 서 있었다. 나를 이 방에서 쫓아내기 위해 온 것이었다. 나는 아는 모든 사람에게 돈을 빌린 후 갚지 않았고, 더 이상 돈을 빌려주겠다는 사람이 없을 지경까지 갔다. 그렇다고 부모님에게 전화해 태국에서도 실패했다는 말을 할 용기는 없었다. 아직 나에게는 내세울 자존심이 남아 있었다. 결국 나는 여기저기에 빚을 진 노숙자 신세가 되었다.

푸껫의 아름다움은 이 섬이 가진 수많은 백사장에 있다. 이 섬에서는 어디에 살든 조금만 걸어가면 해변이 나온다. 노숙자 신세가 되고 내가 맨 처음 했던 생각은, 옷가지를 잔뜩 쑤셔 넣은 가방 2개를 들고 가장 가까운 백사장을 찾아가 야자수 그늘에 앉아서 얄궂은 내 인생이 연출한 이 새로운 상황에서 무엇을 할 것인지 곰곰이 생각해야겠다는 것이었다. 내가 쫓겨난 방에서 가장 가까운 해변까지는 채 500미터도 되지 않았다.

그렇게 야자수 아래에서 보내는 날이 하루하루 늘어갔다. 고향을 떠나 이곳에 온 것이, 이렇게 인생을 마감하는 것이 과연 위험을 무릅쓸 가치가 있었을까?

의심과 두려움을 이겨내는 법

사람들은 대부분 실패를 두려워한다. 그러나 사람들이 정말 끔찍하게 여기는 것은 자기가 꾸던 꿈들이 그냥 흘러가버리고 모든 것이 끝장나는 것이다. 사람들은 시련과 맞닥뜨리는 것, 즉 자신이 생각하는 성공이 일찍 찾아오지 않는 상황을 두려워한다. 하지만 사람들이 대부분 깨닫지 못하는 사실이 있다. 그것은 이제 막 성공하려는 시점에서 다들 포기하고 물러난다는 점이다. 의심하고 두려워하기 시작하는 시점이 바로 진정으로 실패하는 시점이다. 실패나 시련을 학습의 기회라고 여기면 절대 실패하지 않는다. 비록 처음에 떠올렸던 20가지 정도의 사업 아이디어들이 완벽한 성공을 거두지는 못했지만, 그래도 나는 그 경험을 통해서 19개의 성공적인 사업 기회를 만들어낼 수 있었다.

많은 사람이 실패할 것이라는 근거 없는 두려움으로 포기한 뒤 나중에 그것이 엄청난 성공을 보장하는 사업 아이디어였음을 알고는 땅을 치고 후회한다. 그렇다면 우리를 앞으로 나아가지 못하게 만드는 '두려움'에 휩쓸리지 않으려면 어떻게 해야 할까? 다음의 3가지 사실을 기억하자.

- 당신의 뇌는 감정이나 논리를 기반으로 위험을 인지한다.
- 위험을 무릅쓰는 상황이 좋은 것일 수 있다고 생각하면 불안을 줄일 수 있다.
- 실패로부터 다시 일어나는 법을 알면, 위험을 무릅써야 할 때 필요한 자신감이 생긴다.

한 연구 결과에 따르면, 사람의 뇌에서 의사 결정을 담당하는 부분은 80퍼센트의 흥분성 신경전달물질과 20퍼센트의 억제성 신경전달물질 두 종류의 세트로 구성되어 있다. 젊을 때는 경험이 적고 흥분 세포가 과다하게 많아서 장애물이 나타나도 거침없이 행동한다. 어린이나 10대 청소년이 충동적으로 위험한 행동을 하는 것도 이런 까닭이다. 그러나 나이가 들수록 경험이 쌓이고, 이 경험은 위험한 행동을 걸러내는 필터 역할을 한다. 왜냐하면 우리 뇌는 과거의 경험에 감정을 연결해 기억하기 때문이다.

과학 저널리스트인 카이트 수켈의 저서 『위험의 기술 The Art of Risk』에서는 한 부분을 할애해서 청년의 뇌, 특히 위험하기로 악명이 높은 10대 청소년의 뇌를 다룬다. 수켈은 성호르몬과 대뇌 영역, 10대들이 여러 주제에 반응하는 방식을 깊이 파고든다. 그녀는 '바퀴벌레를 먹는다는 생각은 좋은 것인가, 나쁜 것인가?'와 같은 질문에 대답하는 데 걸리는 시간이 성인보다 청소년이 더 길다는 현상을 비롯해 여러 매혹적인 연구 결과들을 인용한다. 10대들은 경험이 적고 다양한 가능성에 열려 있기 때문에, 어떤 것이 '나쁘다'고 쉽게 판단하지 못하고 더 오래 고민하게 된다. 나는 이 연구 결과를 보면서 '내가 왜 학교에서나 스톡홀름의 뒷골목에서 그렇게나 위험한 짓들을 하고 다녔는지' 이해할 수 있었다.

두려움을 다루기 위해서는 먼저 당신의 뇌가 위험을 어떻게 감지하는지 이해해야 한다. 최근 뇌과학에서는 "위험 감수는 의식적일 수도 있고 무의식적일 수도 있다"고 말한다. 무의식 상태에서는 위험이나 그 위험을 바라보는 방식을 인지하지 못하는 경우가 있다. 느낌이나 감정은 이성적인 사고를 모호하게 만들 수도 있고 반대로 촉진할 수도 있다. 자기 감정을 의식한다 하더라도, 우리는 무의식적인 감정이 위험을 감수하려는 욕망에 얼마나 큰 영향을 미치는지는 잘 모른다.

연구 결과에 따르면, 사교적이고 충동적인 말썽꾼이거나 공격적인 성향을 가진 사람은 특히 위험을 무릅쓰는 경향을 보인다. 예컨대, 메타Meta(구 페이스북)를 창업한 '사업 감각이 부족한 대학생' 마크 저커버그와 뉴스코퍼레이션News Corp의 전문 경영진을 비교해보면, 누가 더 큰 위험을 무릅썼는지가 드러난다. 종종 더 큰 위험을 감수한 쪽이 더 큰 성과를 얻는다. 위험 감수 자체가 열정에서 비롯되며, 그 열정은 강력한 감정과 연결되어 있기 때문이다.

뇌는 기본적으로 실수를 통해서 학습하게 되어 있다. 실험을 통해서 자연스럽게 학습이 이루어지는 이유도 여기에 있다. 로켓 사이언스 게임즈Rocket Science Games의 CEO인 스티브 블랭크는 비디오 게임 산업을 혁명적으로 일으키긴 했지만 3,500만 달러의 투자 손실을 냈다. 그러나 거기에서 그만두지 않고 계속 밀어붙여 에피파니Epiphany라는 회사를 창업했고, 이 회사는 투자자들에게 10억 달러씩의 이익을 안겨주었다.

책임을 진다는 건 두려움을 감수하는 일이다. 때때로 두렵고, 당혹스럽고, 고통스러우며 많은 대가를 요구할 수도 있다. 하지만 그 두려움을 감수하고 끝까지 선택에 책임질 때, 사람은 놀라운 힘과 변화의 에너지를 얻게 된다. 책임을 진다는 것은 자신의 불행을 남 탓으로 돌리지 않겠다는 뜻이다. 그것은 다른 사람이 나에게 부정적인 영향을 끼치거나 환경이 불리하더라도 내가 행복해질 방법을 스스로 찾아내겠다는 태도이기도 하다.

불량배 무리와 어울려서 늘 술에 취해 스톡홀름 거리에서 싸움이나 하며 살아갈 때의 나는 내 인생을 통제할 수 있는 힘이 없다고 믿었다. 내 선택에 따른 결과에 대해서 늘 주변 사람들 탓을 했다. 나는 절망했고 불행했다. 첫 일자리에서 해고되었을 때 나는 분노했고 사장이 나에게 신경을 제대로 써주지 않았기에 일어난 일이니 모든 잘못은 사장에게 있다고 생각했다. 그러나 그때 그렇게 생각하지 않고 다르게 생각했다면 어땠을까? 만약 내가 '적성에 맞지 않는 일을 하느라 불행해하는 나를 사장이 안타깝게 여겨, 더 큰 만족감을 얻을 수 있는 일을 찾도록 도와주기 위해 해고했다'고 생각했다면 어땠을까? 아마 그 사장에게 고마움을 느꼈을 것이고, 이후 다른 직업을 선택할 때도 훨씬 긍정적인 마음으로 나아갈 수 있었을 것이다. 물론, 실제로는 반복된 지각 탓에 해고된 것이지만 그 안에서도 나를 위한 의미를 찾고, 감정을 스스로 조절하는 방법을 배운다면 그 경험은 충분히 가치 있는 성장의 자산이 된다.

두려움을 극복하는 법 중에 하나는 책임감을 가지는 것과 더불어 인내심을 기르는 것이다. 인내심을 기르면 부정적인 상황에 맞닥뜨렸을 때 그것을 다른 의미로 해석할 수 있는 시각이 생기기 때문이다. 이를 미처 개발하지 못한 사람들은 힘든 환경에서 자신의 다른 모습을 상상하지 못한다. 특정 사건에 대해 자신이 드러내는 감정적인 반응을 통제하는 능력을 '근육'이라고 생각하면 이해하기 쉽다. 이두박근은 쓰면 쓸수록 강해진다. 자기 감정을 통제하는 것도 마찬가지다. 그다지 심각하지도 않은 일들(식당에 갔는데 웨이터가 무례하다든가)이 자기 기분을 망치게 내버려둔다면, 상대적으로 심각한 일들(반갑지 않은 친척이 찾아와서 주말 내내 집에 머문다)이 일어날 때 어떻게 행복한 마음을 유지할 수 있겠는가?

마치 ~인 것처럼 행동하라

자제력을 키우는 데 결정적으로 중요한 요소는, 어떤 것이 앞길을 막아서든 그것을 기꺼이 인정하는 마음가짐이다. 자기에게 닥친 결과(악덕 사장이나 질병)를 온전하게 인정하지 않으면 그 결과를 긍정적인 눈으로 바라보지 못할 것이고 결코 행복해질 수 없다. 그러니 내 행복에 대해서 스스로 책임을 진다는 것은 궁극적으로 자기 인생에서 펼쳐진 결과를 온전히 그리고 아무런 이의 없이 기꺼이 받아들이는 것을 의미한다. 이런 마음가짐을 실천하면 할수록 실패하더라도 언제나 새롭게 시작할 수 있다는 자신감이 생긴다.

다음으로 '마치 ~인 것처럼 행동하는' 원리를 이해해보자. 빅토

리아 시대의 철학자 윌리엄 제임스는 감정과 행동에 대한 이론을 정리했다. 제임스는 우리의 행동을 이끄는 것은 감정이 아니라고 말했다. 즉 행복감을 느낀다고 해서 저절로 웃음이 나오는 것이 아니라 오히려 감정을 이끄는 것이 우리의 행동이라고 말이다. 웃으면 행복감이 느껴진다는 것이다. 그래서 그는 다음과 같이 결론을 내렸다.

"어떤 것을 가지고 싶다면 이미 그것을 가지고 있는 것처럼 행동하라."

이 조언은 우리 일상의 모든 측면에 적용할 수 있다. 당신은 특정한 어떤 사람이 된 것처럼 행동함으로써 그 사람이 될 수 있다. 이것이 바로 '마치 ~인 것처럼 행동하는' 원리이다. 계속해서 실패를 긍정적으로 해석하기 위한 노력을 해보자. 감정도 바꾸는 연습을 하다 보면 스스로 내면이 단단하게 성장하는 것을 느낄 수 있을 것이다.

때로 어두운 과거는

그냥 과거에 묻어두는 것이 좋다.

그래야 그 기억에 얽매이지 않고

밝은 미래를 열 수 있기 때문이다.

그리고 당신이 원하는 것을

현실로 이루기 위해서는,

미래를 생생하게 그려내는

구체적인 시각화가 필요하다.

왜 당신의 끌어당김은
작동하지 않는가

　수많은 우여곡절 끝에 내가 소유한 첫 번째 회사는 부동산 중개 회사였다. 부동산 사무소에서 몇 년 동안 직원으로 일하면서 돈을 모았고, 그 돈으로 직접 차린 회사였다. 마침내 나는 어엿한 사장이 되었다. 성공할 자신이 있었다. 내가 장차 이 분야에서 엄청난 성공을 거두게 될 거라는 건 알고 있었지만, 회사를 운영하는 방법에 대해서는 아직도 배워야 할 일들이 차고 넘쳤다.

　개업하고 여러 달 동안은 매우 어려웠다. 손님은 별로 없었고 매출도 변변찮았다. 사무실 임대료와 마케팅 관련 비용을 지출해야 했고, 직원 두 명에게는 급여를 줘야 했다. 돈이 모자라서 여기저기 돈을 빌리기 시작했다. 그것은 또 한 차례 나락으로 떨어지는 과정의 시작이었다.

돈은 충분히 벌리지 않았고 빚은 점점 늘어갔다. 사무실 임대료가 밀리고 직원들에게 급여를 줄 돈도 없었다. 그러자 건물주는 다른 사람에게 임대하겠다며 사무실을 비우라고 했다. 어쩔 수 없이 나는 은행에 가서 파산 신고를 했다. 직원들에게는 회사 문을 닫게 되어서 밀린 급여는 줄 수 없을 것 같다고 말해야 했다. 그들은 나를 믿고 의지했으며 부양해야 하는 가족이 있는 가장들이었다. 그 무렵이 내 인생에서 손에 꼽을 만큼 힘든 순간이었다. 나의 부동산 중개 회사는 그렇게 공식적으로 문을 닫았고, 나는 다시 나 자신에게 물었다.

"왜 이런 일이 일어났을까? 무엇이 잘못되었을까? 어떻게 이런 일이 일어날 수 있을까? 어떤 상황들 때문에 이렇게까지 되고 말았을까? 어떻게 하면 다시 일어설 수 있을까?"

내가 첫 번째로 꼽은 실수는 도심에서 멀리 떨어져 고객의 발길이 없는 외진 곳에 사무실을 얻은 것이었다. 내가 그곳을 선택한 이유는 공간이 넓고 임대료가 싸기 때문이었다. 처음부터 큰 공간에서 시작해야 한다고 생각했다. 직원도 많이 채용하고 컴퓨터도 더 많이 들여놓아서 사무실에 찾아온 고객에게 좋은 인상을 주고 싶었다. 그러나 얼마 지나지 않아 규모를 확대하는 것보다 고객을 먼저 확보하는 것에 집중했어야 됐다는 것을 깨달았다. 마케팅이 먼저이고 좋은 인상을 주는 사무실 공간은 그다음이어야 했다. 고객이 없으면 매출이 없고, 매출이 없으면 수입이 없고, 수입이 없으면 사업을 유지힐 수 없다.

나는 실패의 원인들을 적어나가기 시작했다. 두 번째 원인은 목표 설정을 중단한 것이었다. 회사를 창업했을 때 나는 목표 설정을 명확히 하지 않고 긍정 선언과 시각화, 명상 등 일상적인 습관까지 내팽개쳤다. 자기 계발 책과 오디오 테이프 및 그 밖의 동기부여 매체들을 더는 읽지도 듣지도 않았다. 그러다 보니 내 인생에서 바라지 않는 것들을 걱정하는 정신적 감옥에 갇혀버리고 말았다. 행복과 풍족함이 아니라 슬픔과 결핍에만 초점을 맞추었던 것이다.

그날 밤 나는 펜을 들고 내가 이루고자 하는 목표와 바라는 것들을 사소한 것에서부터 중요한 것까지 모두 적기 시작했다. 그렇게 다 하고 나서 보니 1년이 넘게 시각화를 하지 않았다는 걸 깨달았다.

'이것이 내 인생에 그렇게나 큰 충격을 주었단 말인가?'

나는 뒷마당으로 나갔다. 그곳에는 낡은 의자가 예전 그대로 놓여 있었다. 1년 넘게 방치된 채 비와 햇살을 고스란히 맞아서인지 잔뜩 바래 있었다. 그 의자를 바라보는 순간 문득 '나에게 큰 행복을 가져다주었던 모든 것을 무시하는 바람에 나 역시 이 의자처럼 색이 바래고 지쳐버렸구나' 하는 생각이 들었다. 나는 다시 명상을 하기 시작했다. 깊이 명상을 하고 나니 마음이 평온해졌다. 인생을 살면서 되고 싶고, 하고 싶고, 또 가지고 싶은 것이 무엇인지 한층 선명해졌다. 나는 긍정 선언들을 적고 자기 암시를 계속했다. 벽에는 강력한 긍정 선언 문구들이 적힌 종이들을 붙였다. 그제야 나는 바라는 것들을 날마다 다시 보기 시작했다.

이제 나에게는 사무실도, 직원도 없었지만 동네 쇼핑몰에 딸린 6제곱미터 넓이의 영업 공간이 남아 있었다. 아침마다 나는 정원에 앉아 나와 부동산 거래를 하는 고객들이 넘쳐나서 행복해하는 모습을 상상하는 것으로 하루를 시작했다. 깊은 명상 역시 나에게 새로운 열정을 가득 채워주었다. 이후 내가 살던 집의 재계약 시점을 두 달 앞두고부터 매출이 나기 시작했고 수입도 생겼다.

얼마 지나지 않아, 콘도미니엄 프로젝트 개발을 강력하게 권하는 구매자들과 투자자들이 생겼다. 내가 그들에게 높은 투자 수익을 안겨준 덕분이었다. 나는 그들의 요청에 당연히 "예"라고 답했다. 부동산 개발업자가 되는 것은 내가 오랫동안 시각화하던 목표였다.

목표에 집중하지 못하고, 내면의 자신감을 잃는 순간 인생은 흔들리기 시작한다. 위기 상황에서는 누구나 "모든 게 잘될 거야"라는 확신을 외부에서 찾으려 하지만, 그렇게 바깥에만 의지할수록 오히려 불안과 스트레스는 커진다. 진짜 위기는, 원하는 모든 것과 연결되지 못하게 하고, 그것을 이룰 수 있다는 믿음마저 무너뜨린다.

내면에 집중하는 방법

내가 자리를 비워도 세상은 아무런 문제 없이 잘 돌아간다는 사실을 깨닫는 것이 일상의 번잡함에서 벗어나 내면에 집중하는 첫 번째 단계이다. 이것이 내가 새로운 에너지와 동기로 재무장하는 방법이자 인생 그 자체를 사랑하는 방법이다. 나는 이메일을 확인할 수도 없고 전화도 할 수 없는 자연 그대로의 오지에 며칠씩 머물기를 좋아한다. 자연과 연결되는 것이 우리 인간의 정신에는 반드시 필요하다고 믿는다. 현대 세상에서는 사람들이 지구의 에너지와 단절되어 자기 정신의 한 부분을 잃어버린 채 살아간다. 우리는 자연에서 왔고 자연의 한 부분이다. 그래서 자연 속에서 여러 날을 보내고 나면 평온함과 축복을 느낀다. 자연에 가만히 귀를 기울이고 현재에 집중하면 자연이 말을 걸어오는 것을 알 수 있다.

혼자 있는 시간은 외롭고 쓸쓸한 시간이 아니다. 오히려 이 세상에서 가장 중요한 존재인 '나 자신'에게 집중하는 시간이다. 사랑하는 사람들을 우리의 인생 안에 초대하는 건 분명 중요하지만, 그렇다고 해서 자기 자신을 비참하게 만들면서까지 누군가를 나보다 더 앞에 두어서는 안 된다. 그러니 날마다 오롯이 나만을 위한 시간을 확보하라. 명상을 하거나, 산책을 하거나, 기분 전환을 하거나, 목표 리스트를 작성하거나 수정하는 데 그 시간을 써도 좋다. 중요한 건, 그 시간이 나를 회복시키고 내 안의 에너지를 다시 흐르게 만들어주는 시간이어야 한다는 것이다. 불안과 공포에 휘둘리는 시간이 아니라, 마음이 평온해지고 몸이 느긋하게 풀리며, 다음 꿈을 향한 준비가 차곡차곡 쌓이는 시간이 되어야 한다. 당신이 무엇을 하든, 그 시간은 스스로에게 선물하는 가장 정직한 돌봄이 되어야 한다.

위기가 닥치면 우리는 본능적으로 싸우거나 도망치려 한다. 이건 동물에게서도 쉽게 볼 수 있는 가장 원초적인 반응이다. 예상과 다른 방향으로 상황이 흘러갈 때, 우리는 곧 스스로에게 묻는다. "이 상황에 맞서야 할까? 아니면 피해야 할까?"

매출이 감소하거나, 직원이 말썽을 부리거나, 경쟁 업체들이 시장을 살그머니 잠식하거나, 세금폭탄이 떨어지거나, 투자자금 모집이 계획보다 저조할 때는 해결책을 찾기보다 싸울 것인지 아니면 도망칠 것인지 중에서 하나를 선택하는 데 초점을 맞추는 편이 오히려 편하다. '투쟁이냐, 도피냐' 하는 양자택일이 필요한 순간에 혼자서 생각하는 시간을 갖기란 무척 어렵다. 나는 이런 상태로 오랜 세월을 보낸 경험이 있기에, 이런 상황을 미리 피하는 데는 선수이며 나름대로 요령도 있다. 바로 긴장을 푸는 것이다.

하버드대학교 심신의학연구소 Mind-Body Medical Institute를 설립한 허버트 벤슨 박사는 이를 '이완 반응'이라고 표현했다. 근육과 장기들이 느슨하게 이완되어 뇌로 향하는 혈류가 증가하는 신체 반응을 일컫는다. 이 반응은 '투쟁-도피'와는 완전히 정반대이다. 이완 반응은 몸과 마음을 깊이 풀어주는 상태로, 부교감 신경계를 활성화해 스트레스를 가라앉히는 데 중요한 역할을 한다. 시각화, 명상, 긍정 선언, 깊은 호흡, 요가 같은 활동을 통해 이완 반응은 충분히 연습할 수 있다.

벤슨 박사는 1960~1970년대에 연구를 통해, 스트레스 호르몬의 지속적인 분비가 심혈관 질환, 소화기 질환, 부신 피로 등 다양한 건강 문제를 유발할 수 있다는 사실을 밝혔다. 또한 그는 이완 반응을 꾸준히 훈련하면 불면증, 고혈압처럼 스트레스로 인한 증상을 완화할 수 있음을 과학적으로 입증했다.

혼자 있는 시간은 자기 자신과 삶에서 이루고 싶은 것에 집중하게 해주는 탁월한 자기돌봄의 기술이다. 자기를 온전히 사랑할 수 있는 사람만이 다른 사람도 진심으로 사랑할 수 있다. 어떤 사람이 혼자만의 시간을 갖는다고 해서 그가 이기적인 사람인 것은 아니다. 오히려 자기 자신과 자신이 진심으로 돕고자 하는 사람들을 위해 더 깊이 헌신하는 사람이다.

자기에게 평화와 사랑을 주는 일을 의식적으로 자주 실천하는 사람은 자신이 될 수 있는 최고의 모습으로 성장할 수 있다. 당신은 누구보다 당신 자신에게 열렬한 팬이자, 가장 강력하게 동기를 부여하는 사람이어야 한다. 그러니 가장 중요한 사람인 '나 자신'을 돌보고, 내가 온전하다는 감각을 자주 느끼는 것은 결코 사치가 아니라, 끌어당김을 이루는 핵심이라고 할 수 있다.

가장 크고 획기적인 돌파는 고독에서 시작된다.
혼자 있는 시간은 내면의 소리를 듣고,
세상이 요구하는 방향이 아닌
자신이 진정 원하는 길을 찾아내는 힘을 준다.

열정은 우주를 움직이는 가장 강력한 에너지다

　당신이 정말 하고 싶어 하는 것, 즉 열정의 대상을 찾는 일은 정말 중요하다. 그러면 즐겁게 매달려서 일할 것이고, 결국 당신은 성공에 이를 것이다. 예를 들어, 나는 늘 낙원에 사는 것을 꿈꿔 왔기에 푸껫에서 나의 천국을 창조하려고 지금까지 열심히 일하고 있다.

　내가 처음으로 나의 열정을 발견한 것은 푸껫에서였다. 불과 1년 전, '과연 내가 19번째 생일을 맞이할 수 있을까?' 생각했던 나는 푸껫에서 부동산 회사 직원이 되어 오토바이를 타고 거리를 돌아다니며 사람들에게 카탈로그를 나누어주고 있었다. 아직도 잊혀지지 않는 그날에도 나는 그 일을 하고 있었고, 사업차 푸껫을 방문한 어떤 신사에게 카탈로그를 건넸다. 그 신사는 공항으로 가던 길이었고, 이제 몇 시간 뒤면 비행기를 타고 집으로 돌아갈 예정이었다. 그 사람은 카탈로그 속의 한 물건을 직접 보고 싶어 했다. 그렇지만 그 사람을 사무실로 데려가 내부 직원에게 연결해주고 물건을 보여준 뒤 신속하게 공항으로 보내주어야만 비행기 시간을 맞출 수 있었다. 즉 거기서 한 가지만 잘못되어도 그 사람은 비행기를 놓친다는 뜻이었다. 나는 서둘러 그를 사무실로 데려갔다. 그런데 다들 볼일을 보러 나갔는지 사무실에는 아무도 없었다. 그 사람은 기다릴 시간이 없다며 바로 공항으로 가겠다고 했다. 그때 번개처럼 한 생각이 스쳤다. 나는 그 신사에게 말했다.

"선생님, 제게는 오토바이밖에 없습니다만, 제 오토바이를 타실 수 있다면 선생님을 그곳으로 모셔다드리겠습니다. 제가 선생님을 거기에 모셔다드리면, 물건을 보고 나서 공항으로 출발하셔도 늦지 않습니다."

놀랍게도 그 사람은 그러자고 했다.

나는 여러 물건 가운데 하나만 그 위치를 알고 있었다. 그래서 그 사람을 오토바이에 태우고 그곳으로 갔다. 나는 그 사람이 확인하고 싶어 한 물건을 보여주고 주변 지역 설명을 했다. 그렇게 내가 그 사람과 1시간 동안 있다가 함께 사무실에 돌아왔을 때, 그 사람은 나와 본 물건을 사겠다고 했다. 상사는 깜짝 놀랐다. 영업 훈련을 전혀 받지도 않은 내가 1시간 만에 그것도 손님을 오토바이에 태우고 물건을 보여주고 왔을 뿐인데 손님이 그 부동산 물건을 사겠다고 했으니 놀랄 만도 했다.

나는 1시간 동안 신사와 이야기하며 그 사람의 신뢰를 얻었다. 그와 나 사이에 어떤 연결점을 형성했고, 그는 그것에 만족을 느낀 것이다. 처음으로 나 자신이 자랑스러웠다. 누군가를 상대로 무엇을 찾는지 이해하고 원하는 것을 연결해주는 일이 엄청나게 대단하다고 느껴졌다. 그 느낌을 누릴 기회가 더 많으면 좋겠다는 마음이 간절했다. 그리고 마침내 내가 승진했을 때, 많은 기회가 찾아왔다.

지금 나는 헬스클럽 여러 곳, 커피숍 여러 곳, 주유소 하나, 사우나 한 곳 그리고 부동산 산업에 속하는 15개의 회사를 가지고 있다. 이런 나를 보고 친구들과 가족들은 늘 똑같은 질문을 했다.

"안드레스, 자신이 하는 일에 열정을 가져야 한다고 늘 말하는데, 그럼 넌 이렇게나 많은 온갖 사업마다 열정을 가지고 있다는 거야?"

내 대답은 '아니오'다. 그 모든 사업에 깊은 열정을 가지고 있지는 않다. 그러나 창업에 대해서 그리고 아이디어를 성공적으로 실현시키는 것에 대해서는 불타는 열정을 가지고 있다. 회사를 만들어 수익을 내고 성공하는 과정을 무척 좋아한다.

내가 가지는 열정과 사랑은 어떤 아이디어 하나에서 시작된다. 아이디어는 머릿속에 떠오른 그림이 되었다가, 종이 위의 그림이 되고, 구체적인 계획이 되어 이런 일을 가능하게 만들 회사가 된다.

그리고 그 아이디어가 눈앞에서 창조된다. 모든 것은 상상에서 시작된다. 머릿속에 떠오른 한 이미지가 실제 현실이 되었을 때, 그 만족감은 말로 다 할 수 없을 만큼 크다. 이 강렬한 기쁨은 우리 모두가 태어날 때부터 '창조자'로 살아갈 능력을 지녔다는 증거다. 누구나 마음속에 떠오른 생각을 현실로 만들어낼 힘을 가지고 있다.

열정은 그것을 좇는 데 따르는 수많은 고통조차 감내할 가치가 있는 여정으로 바꿔준다. 자신이 열정을 갖지도 않는 일에 매여 꼼짝달싹 못 하는 사람들은 열정을 쏟을 대상을 찾지 못해서일 수 있다. 사람은 누구나 지루하고 만족감을 느끼지 못하는 일상의 늪에 빠져 있기 쉽다. 무언가 다른 일을 하고 싶지만 무엇을 해야 할지 확신이 서지 않기 때문이다.

열정을 쏟을 만한 대상을 찾는 것은 생각보다 쉽다. 다음 여러 질문에 솔직하게 대답해보면 앞으로 무슨 일을 하면서 인생을 살아야 할지 떠오를 것이다.

- 어떤 주제의 책이라면 500권이라 하더라도 전혀 질리거나 지루해하지 않고 읽을 수 있을까?
- 어떤 일이라면 앞으로 5년 동안 돈 한 푼 받지 않고 할 수 있을까?
- 돈을 버는 일을 하지 않아도 될 만큼 경제적인 여유가 생긴다면 무슨 일을 하면서 시간을 보내고 싶은가?

열정을 가졌다고 해서, 반드시 그 일을 남들보다 잘해야 하는 건 아니다. 오히려 그 일을 하지 않는 모습을 상상조차 할 수 없다면, 그건 당신이 진심으로 열정을 품고 있는 일일 가능성이 크다. 때로는 '내가 원하지 않는 것들'을 목록으로 써보는 것이 진짜 원하는 것을 더 또렷하게 알려주기도 한다.

1. 당신이 하고 싶지 않은 일들을 적는다.
2. 당신이 유독 하기 싫어하는 일자리나 과제를 적는다. 이것들을 제외하고 나면 열정을 가질 대상이 한층 명확하게 드러난다.
4. 당신이 부러워하는 사람들의 명단을 적는다. 자신에게 이렇게 물어도 좋다. "나는 어떤 일을 하는 사람을 가장 부러워할까?"
5. 그다음에는 그 사람들이 하는 일을 살펴보고 당신이 하고 싶은 일자리에 동그라미 표시를 한다.
6. 부러운 사람들 명단에서 당신이 하고 싶지 않은 일자리를 가진 사람은 모두 제외한다.
7. 동그라미 표시가 된 나머지 사람들에게서 열정을 촉발할 단서를 찾는다.

열정의 대상을 찾기 위해서 여러 기술을 결합할 수도 있다. 소프트웨어 신생 기업인 실크타이드Silktide의 창업자 올리버 엠버튼은 "각자 자신이 가진 평범한 기술이라 하더라도 이것들을 올바로 결합하기만 하면 열정을 찾을 수 있다"고 했다. 예를 들어, 어떤 사람이 그림 실력은 평균 수준이지만, 유머 감각은 남다르다고 해보자. 이 사람은 순수 미술 분야에서 두각을 나타내기 어려울 수도 있고, 유머 감각만으로 무언가를 전공하거나 연구하기도 쉽지 않다. 하지만 이 2가지가 결합된다면 그는 누구보다 뛰어난 만화가가 될 수 있다.

엠버튼은 가장 성공한 사람, 즉 자기가 하는 일에 열정을 가진 사람 치고 단 하나의 기술만 가진 사람은 드물다고 주장한다.

"그런 사람들은, 다른 사람들과 비교해서 그다지 특출할 것도 없는 여러 개의 기술을 한데 녹여냈을 뿐이다. 개별적으로는 뛰어나지 않지만 이 기술들을 한데 녹여내는 것으로는 확실히 특출하다."

스티브 잡스를 보자. 그는 세계 최고의 엔지니어도 아니었고, 최고의 영업 귀재도 아니었으며, 최고의 프로그램 설계자도 아니었고, 최고의 경영자도 아니었다. 그렇지만 이 모든 것들을 제법 잘했고, 무엇보다 모든 것을 하나로 녹여내는 데 탁월했다.

열정의 대상은 수없이 많을 수도 있고, 시간이 흐르며 계속 바뀔 수도 있다. 그러나 이 세상에서 당신이 진심으로 열정을 느낄 수 있는 단 하나만 발견해도 충분하다. 그 열정을 통해 당신은 지금의 삶을 완전히 다른 방향으로 이끌 수 있다. 그리고 그 변화는, 당신이 진짜 원하는 인생이 시작된다는 신호일지도 모른다.

PART 2.

LESS

현실이 즉각 바뀌는 감정 정리의 기술

to NAIRE

HOMELESS to BILLIONAIRE

머리로만 생각하지 말고, 가슴으로 느껴라

내가 어떻게 이러한 열정을 발견해내고 수많은 회사를 만들어 성공적으로 운영했는지 그 비밀이 궁금할 것이다. 이제 본격적으로 그 이야기를 해보고자 한다.

태국에서 한동안 지내던 작은 방에서 쫓겨난 뒤, 나는 가방을 베개 삼고 수건 두 장을 담요 삼아 해변에서 노숙을 했다. 그래도 나는 한 가지 원칙만은 확실하게 지키려고 했다. 해변에서 일하는 사람이나 그날의 첫 번째 관광객이 해변을 찾기 직전인 오전 5시에는 반드시 자리를 털고 일어나는 것이다. 내가 해변에서 노숙하는 모습을 보여주기 싫어서였다. 밤이면 하늘에 총총한 별을 바라보면서 내가 어쩌다 야자수 아래에서 노숙하는 신세가 되었는지 이해하려고 노력했다. 숱하게 많은 밤을 울면서 잠들었다. 또 숱하게 많은 밤에 나를 해고한 사장을 욕하고, 부모를 원망하고, 친구 탓을 했다. 노숙자 처지가 된 내 신세를 놓고 모든 사람과 모든 것을 비난했다. 비난하지 않았던 단 하나의 대상이 있다면 바로 나 자신이었다.

어느 날 오후, 해변에 앉아 있는데 몹시 배가 고팠다. 어떻게 하면 먹을 것을 구할 수 있을지 필사적으로 생각했다. 나는 이미 그 지역에서 얼굴을 아는 모든 사람에게서 돈을 빌렸고 갚지 못했다. 그 와중에도 내게 외상 음식을 줄 만한 사람이 딱 한 명 떠올랐다. 쌀국수 가게 주인이었다. 지나고 나서 생각해보니 그 주인은 어머니와 같은 존재였다. 그녀는 나에게 따뜻한 쌀국수 한 그릇쯤은 얼마든지 내어줄 수 있는 사람이었다. 그러나 그때 어떤 아이디어 하나가 섬광처럼 번쩍였다. 스웨덴을 떠난 뒤로 한 번도 통화를 한 적이 없는 스웨덴의 오랜 친구가 생각난 것이다. 곧바로 그 친구에게 전화해 싸구려 방이라도 얻을 수 있게 도와달라고 간청했다. 친구는 잠자코 듣기만 하더니, 돈으로는 도와줄 수 없고 이메일로 전자책을 한 권 보내주겠다고 했다. 그 책은 나에게 분명 도움이 될 것이라면서 말이다.

'와! 이렇게 고마울 수가! 아무것도 가진 게 없는 노숙자 처지의 나에게 책을 보내주겠다고?'

나는 돈이 필요했고 무엇보다 돈을 원했다. 돈이 있어야 먹을 것도 구하고 방도 구할 수 있었다. 그런데 책이라니! 도무지 믿을 수 없었다. 너무나 당황스러웠다. 나는 애써 고맙다고 말하고 전화를 끊었다.

화가 나서 미칠 것 같았다. 친구라는 녀석이 도움은커녕 책을 보내겠다니! 그러다 문득 책이 있으면 할 일도 없는 저녁 시간에 해변에 앉아서 시간을 보내기 좋겠다는 생각이 들었다. 나에게만큼은 인생이 너무 잔인하다는 생각에만 빠져 있던 내가 그 책 덕분에 다른 것에 집중할 수도 있겠다는 생각이 들었다. 그래서 동네에 인터넷이 되는 가게에 가서 그 책을 인쇄해 바로 그날 밤부터 읽기 시작했다.

『시크릿』이라는 책을 읽었거나 들어본 사람이라면, 내가 그 해변에서 곧바로 어떤 진리를 깨우쳤을 것이라고 혹은 그 책이 내 인생의 전환점이 되었을 것이라고 기대할지 모르겠다. 그러나 그 책에 대한 내 첫 반응은 "비현실적이다. 완전 쓰레기다"였다. 책을 보내준 친구에게 얼마나 화가 나던지, 그 분노를 친구 대신 책에다 마구 쏟았다.

'긍정적으로 생각해라?'

'시각화하면, 결국 얻을 것이다?'

개가 풀 뜯어먹는 소리다!

나는 그 책에 담겨 있는 이론이 틀렸음을 입증하기로 마음먹었다. 그 책의 내용들을 토씨 하나 빠뜨리지 않고 그대로 실천해서 그 가르침들이 거짓임을 반드시 증명할 거라고 다짐했다.

나는 먼저 원하는 것을 끌어당기기 위해 시각화를 시작했다. 어차피 그 방법이 통할 거라고 믿지 않았고, 작은 것 정도는 그 가르침대로 해보는 것도 나쁘지 않아 보였다. 나는 커피 한 잔을 떠올렸다. 백사장에 수건을 깔고 앉아 눈을 감은 채 누군가가 따뜻하고 맛있는 커피 한 잔을 준다면 기분이 얼마나 좋을지 깊이 생각하는 데 집중했다. 처음에 몇 번 시도할 때는 '무슨 바보 같은 짓을 하는지 모르겠다'는 생각이 들었지만, 달리 할 일도 없어서 그 상상에 집중하려고 노력했다. 몇 번 더 시도한 끝에 마침내 내 마음의 눈에 커피잔이 보이기 시작했다. 잔에서 김이 모락모락 피어오르는 것이 보였고 향긋한 커피 향도 맡을 수 있었다. 그로부터 이틀 뒤, 평소처럼 백사장에 앉아 있는데, 제트스키를 타던 사람들 중 한 명이 나에게 다가와 이렇게 말했다.

"며칠 동안 당신이 여기에서 이러고 있는 모습을 봤는데, 커피 한 잔 사드리고 싶어요. 무척 지쳐 보여서 말입니다."

믿을 수 없었다! 마음속에만 존재하던 커피가 눈앞에 나타나다니!

여전히 반신반의하는 마음이었지만 호기심은 한층 강하게 일어났다. 이번에는 점심 식사를 대상으로 설정했다. 벌써 여러 주째 쌀국수만 계속 먹었기에 멋진 정찬 생각이 마치 폭포수처럼 쏟아졌다. 눈을 감고 맛있는 점심 식사를 떠올리면서도 그러고 앉아 있는 내 모습이 우스꽝스러웠다. 그래도 어쨌거나 계속 노력했고, 마침내 나는 멋진 점심을 먹는 나를 느낄 수 있었다. 그리고 며칠 뒤, 내가 일했던 호텔의 직원 한 명을 우연히 만났다.

"안녕 안드레스! 오랜만이야, 잘 지내? 내가 점심 살게!"

이럴 수가! 이게 통하는 건가? 아니면 그냥 우연인가?

2번이나 시각화가 성공했지만 나는 여전히 확신하지 못했다. 그래서 이번에는 좀 더 크고 복잡한 것을 놓고 시도해보기로 했다. 맨 먼저 일자리를 떠올렸다. 취직을 해서 돈을 벌고, 그 돈으로 안락하게 지낼 수 있는 방을 구하고, 날마다 샤워를 하고, 옷도 깨끗하게 빨아 입을 수 있다면, 부모님이 흐뭇하게 여기며 자랑스러워할 그런 생활을 한다면 기분이 얼마나 좋을지 상상 속에서 시각화하기 시작했다.

감정을 담은 시각화 방법

나는 새로운 일자리에 대한 생생한 그림들을 시각화하면서 내가 주인공인 온갖 영화를 머릿속으로 만들어냈다. 그러나 얼마 지나지 않아서 창의적인 시각화를 하려면 강렬한 감정이 뒷받침되어야 한다는 것을 깨달았다. 그래야 실질적인 끌어당김이 일어난다. 운이 좋았던 것인지 나는 나도 모르게 이미 그런 식으로 하고 있었다.

물론 새로운 일자리를 가지는 것이 얼마나 행복할지 느끼면서 그냥 해변에 앉아 기다리기만 하진 않았다. 이틀 동안 온 동네를 돌아다니면서 일자리를 알아보았다. 둘째 날, 마침내 일자리를 얻었다. 나는 몇 달 동안 일해서 뒷마당에 작은 정원까지 있는 작지만 멋진 집을 구할 수 있었다.

커피 한 잔을 얻어 마시고, 점심 한 끼를 얻어먹고, 일자리까지 구하게 되자 나는 내 인생을 통제할 수 있겠다는 확신이 들었다. 더 많은 책을 읽고 싶었고, 일하지 않는 시간에는 마음이 발휘하는 힘을 주제로 다룬 여러 책을 읽었다. 그때부터 나는 책이 제시하는 여러 가르침을 내 삶에서 실천하고 녹여내는 노력을 하기 시작했다. 생각을 예전과 다르게 했기에 마침내 내 인생을 통제할 수 있게 되었을까, 아니면 그때까지 다른 생각을 하지 않음으로써 내 인생에 대한 통제권을 나 스스로 포기하고 살았던 걸까?

무엇이 맞는지는 중요하지 않았다. 다르게 생각하기 시작했다는 단순한 행동이 중요하다. 나는 날마다 삶에 대해 새로운 발견을 했다. 나폴레온 힐의 책을 읽고 자기 암시의 힘을 배운 뒤로는, 일상적으로 긍정을 실천하기 시작했다. 토니 로빈스나 잭 캔필드 같은 사람들이 쓴 책에서는 명상을 하면서 내가 성취하고자 하는 것이나 경험하고자 하는 것, 가지고자 하는 것을 떠올리며 내 잠재의식을 전환하는 방법을 배웠다. 또한 날마다 목표를 적어 그 종이들을 집과 사무실 곳곳에 붙여놓았다.

어느새 일상에서 여러 가지 변화가 빠르게 나타나기 시작했다. 내 생활은 예전과 완전히 달라졌다. 매일 아침 정원에 앉아서 내가 설정한 목표들과 실현하고자 하는 일들을 머릿속으로 시각화하는 것으로 하루를 시작한다. 출근길에는 내가 긍정적으로 받아들이는 온갖 것들을 큰 소리로 말한다. 예를 들어, 이렇게 외치는 것이다.

"나는 태국 최고의 영업사원이다! 나를 만나는 고객은 모두 나를 너무 좋아하게 되고, 내가 팔려고 하는 것을 서로 사려고 달려든다! 나는 영업의 귀재다! 나는 행복한 사람이고 남에게 도움을 주는 사람이다! 나는 점점 더 큰 부자가 되어 가는 중이다!"

규모가 큰 프로젝트를 진행할 때면 다음의 문구를 하루에 100번도 넘게 중얼거리기도 한다.

"나는 온전하다."

"나는 건강하다."

"나는 행복하다."

"나는 부자다."

"나는 남을 잘 돕는다."

바보처럼 보일 수도 있고 시간 낭비처럼 보일 수도 있지만, 자기 마음을 통제할 수만 있다면 자기 인생도 통제할 수 있다는 사실을 명심하라.

당신의 마음은 대부분 시간 동안 잠재의식 상태에 있다. 숨을 쉬는 것처럼 잠재의식적으로 모든 사물과 상황을 바라본다. 잠재의식은 일종의 슈퍼컴퓨터이자 보안요원이다. 당신이 어떤 생각이나 이미지를 받아들이려 할 때, 잠재의식은 마치 24시간 작동하는 철통 경비 시스템처럼 그 정보를 철저히 검사하고 걸러낸다. 당신이 충분히 집중하고 납득할 수 있는 이유가 있을 때에만, 그 정보는 잠재의식에 저장되어 현실을 움직이는 자원이 된다.

나는 16년이 넘는 시간 동안 수많은 책과 세미나를 통해 다양한 지식을 쌓아왔다. 나는 그 위에 단 하나의 강력한 도구를 더했다. 바로 "나는 ~다"라는 선언의 힘이다. 어떤 긍정 문장이든 그 앞에 "나는 ~다"를 붙이면 그 효과는 놀라울 정도로 강력해진다. 왜냐하면 그 순간, 당신은 자신의 영혼과 직접 대화하게 되고, 의식과 잠재의식을 동시에 관통하기 때문이다. 나 역시 이를 실천하기 위해 거실과 침실 벽에 매일 되뇌는 문장들을 붙여두었다. 하루 동안 내 시선은 수차례 그 문장들을 스치고, 잠재의식은 그것들을 조용히, 깊이 내 안에 새겨 넣는다.

일상적으로 긍정 선언을 반복하는 것은 기분을 끌어올리고, 잠재의식이 당신의 바람을 현실로 만들기 위한 올바른 생각과 행동에 초점을 맞추도록 돕는다. 특히 "나는 ~다" 형식의 문장을 선언에 더하면 그 효과는 훨씬 더 강력해진다. 잠재의식은 당신의 말과 감정에 언제나 반응하고 있기 때문이다.

5가지 선언의 의미

긍정적인 선언은 무수히 만들어낼 수 있다. 하지만 나는 그 선언을 다음 5가지로 제한해 집중력을 극대화하고 의미 있는 결과를 보다 빠르게 많이 성취할 수 있었다.

"나는 온전하다."
"나는 건강하다."
"나는 행복하다."
"나는 부자다."
"나는 남을 잘 돕는다."

첫 번째로 "나는 온전하다"라는 문구를 선택한 것은 내 몸과 마음이 온전하다는 사실에 진심으로 감사하기 때문이고, 이런 상태가 앞으로도 계속 이어지길 바라기 때문이다. 신체적인 문제를 가진 사람들도 있고 불안이나 우울 등과 같은 정신적인 문제를 가진 사람들도 있다. 나도 한때 우울증과 편집증, 불안에 시달리며 고통스러웠던 적이 있다. 그때 나는 온전하지 않았다. 그러나 지금은 온전하다. 이런 점을 일부러 의식하려 하고 고맙게 여기려고 한다. 또한 나는 몸도 마음도 온전하게 주어졌기에 불평하거나 변명할 이유를 찾기보다는 누군가를 도울 수 있는 사람으로 살아가야 한다는 걸 당연한 태도로 받아들이고 있다.

두 번째로 "나는 건강하다"라는 문구는 강력한 의미를 가진다.

몸이 아프면 그 어떤 것도 즐거울 수 없다. 건강을 유지하려면 균형 잡힌 식단을 실천하는 것이 기본이다. 그래서 나에게 영양 식단은 단순한 선택이 아니라, 삶의 최우선 순위다. 몸이 건강할수록 마음도 가벼워지고, 성공을 향한 다른 목표들에도 훨씬 더 명확하게 집중할 수 있다.

세 번째로 "나는 행복하다"라는 선언은 끌어당김을 하는 데 본질적인 문장이다. 행복하고 긍정적인 모습을 지니고 싶다면, 먼저 마음부터 그에 맞게 프로그래밍해야 한다. 그럴 때 우리는 삶 속에서 더 많이 즐기고, 더 깊이 누릴 수 있다. 행복한 상태에 초점을 맞추면 생산성은 자연스럽게 높아지고, 감사할 줄 아는 마음도 커지며, 새로운 경험에 대한 마음도 더 넓게 열리게 된다.

네 번째, "나는 부자다"라는 문장은 부자가 된 자신의 모습을 마음속에서 생생하게 그려, 현실로 끌어오는 힘을 준다. 내면에서 먼저 부자의 감각을 느껴야 현실에서도 그 에너지가 구현되기 시작하는 것이다. 자기 믿음의 한계를 미리 설정한다든가 의심하는 데서 벗어나 부자가 된다는 것의 개념을 마음이 우선 받아들일 필요가 있다. 잠재의식이 한 점의 의심도 없이 그것을 진실이라고 받아들일 때까지 이 선언을 반복할 때 비로소 우리는 부자가 될 수 있다. 우리가 사는 세상에는 부가 넘쳐난다. 그것을 받아들일 올바른 마음 상태를 가지기만 하면 누구든 부자가 될 수 있다.

다섯 번째 "나는 남을 잘 돕는다"는 선언이다. 도움이 필요한 사람에게 아무런 대가도 바라지 않고 도움의 손길을 내밀 때의 감정보다 더 위대한 느낌은 없다. 도움이 필요한 사람을 돕는 데는 많은 노력이 들지 않는다. 도움이 필요한 사람은 곳곳에 널려 있다. 아주 조금만 수고를 들이면 그런 사람을 금방 찾을 수 있다.

5가지의 긍정적인 선언을 선택한 것은 이것들이 나에게 가장 중요하기 때문이다. 또 내가 인생을 살아가면서 계속 지켜나가고 싶은 덕목들이기도 하다. 당신만의 5가지 긍정적인 선언은 무엇인가? 나는 이 5가지 선언을 매일 되뇌며 실천하는 것을 일상의 습관이자 삶의 일부로 만들어왔다. 그 과정에서 내 마음과 영혼, 믿음까지 조금씩 재프로그래밍되었고, 그 힘은 나에게 꾸준한 동기를 주었다. 물론 오르막과 내리막이 반복되는 인생 여정 속에서 몇 주 동안 선언을 멀리한 적도 있다. 하지만 그럴 때마다 다시 초심으로 돌아와 선언을 되새기며 나를 일으켜 세웠다.

이 방법은 회사에도 그대로 적용된다. 직원들의 실적이 부진하거나 생산성이 떨어질 때면 나는 몇 가지 사항을 점검해본다.

"최근에 새로운 목표를 설정했나요?"
"그 목표를 자주 떠올리며 스스로 되새기고 있나요?"
"요즘은 어떤 책을 읽고 있나요?"
"마지막으로 긍정적인 선언을 한 건 언제인가요?"

이런 질문을 받은 직원들은 하나같이 자신이 그 중요한 습관들을 놓치고 있었음을 깨닫는다.

그것만으로도 다시 예전의 흐름으로 돌아가기에 충분하다. 성공적인 습관은 기억만 되살려도 다시 살아나기 때문이다.

이밖에 긍정 선언이 생활 속에 확실하게 자리 잡히도록 하기 위해 특별한 방법을 개발하기도 했다. 손바닥에 최고의 영업사원을 뜻하는 'Best Salesman'의 'BS'를 쓰고 눈에 띌 때마다 "나는 푸껫 최고의 영업사원이다"라고 스스로 되뇌는 것이다. 도요타 비오스Toyota Vios 신차를 가지고 싶었을 때는 손에 'TV'라는 글자를 써놓고 눈에 띌 때마다 "나는 도요타 비오스를 몰고 있다"고 말했다. 당신도 이렇게 할 수 있다. 어디에서 무엇을 하든 선언과 목표를 상기하는 데 도움이 되는 작은 단서들을 마련해두자. 그렇게 자신을 계속해서 프로그래밍해보라. 반드시 효과가 있을 것이다.

우리가 얻는 것은 요구한 만큼이다.
그러니 원하는 것을 요구할 때는 현명해야 한다.
실패는 정신을 단련시키고 중요한 교훈을 준다.
충분히 유연해져 그 교훈을 삶에 적용할 때,
성공은 자연스럽게 찾아온다.

감사하는 마음가짐의
스위치를 켜라

나는 시각화를 학습하면서 감사하는 마음을 어떻게 갖는지 연습하는 법을 배웠다. 감사는 성공한 사람들 대부분이 권하는 강력한 개념이다. 감사가 그 사람들의 성공에서 필수적인 덕목이었다면, 나도 그 사람들처럼 감사를 내 생활에 적용해야만 하는 이유와 그 방법을 올바르게 알아야겠다고 마음먹었다.

내가 발견한 감사의 열쇠는 내가 가지지 않은 것 대신 내가 가진 것으로 초점을 바꾸는 것이었다. 어느 순간 나는 나에게 주어진 그 모든 것에 고마워하고 있었다. 날마다 고마워하는 방법을 배우니 기회로 통하는 많은 문이 저절로 열렸다.

생활 속에서 감사를 적용하는 방법을 연구하고 실천하자 내 인생이 완전히 업그레이드되었다. 감사하기를 실천하기 시작한 것은 노숙자로 살면서 부동산 회사의 카탈로그를 나누어주고 다닐 때였다. 내가 가진 모든 것에 대해 우주에 감사했으며 내가 가지지 않은 것에 대한 걱정은 딱 끊었다. 그러자 하루가 다르게 삶이 좋아지기 시작했다. 땡볕 아래에서 카탈로그를 나눠주던 사람에서 영업사원이 되었고, 영업부장이 되었고, 나중에는 영업실장이 되었다. 모든 것이 한 회사에서 일어난 일이다. 이 모든 것이 2년 만에 이루어졌다.

가지지 않은 것 대신 가진 것으로 초점을 바꾸는 것은 스위치를 켜는 일만큼이나 간단했다. 부족한 것에 초점을 맞출 때, 내가 가지고 있는 것의 소중함을 놓쳐버리는 실수가 어떻게 일어나는지도 알 수 있었다.

나는 방콕에서 푸껫까지 가는 항공권을 살 돈이 부족했던 것에 집중하지 않고 술에 취해서 정신없이 곯아떨어진 나를 짐칸에나마 태워 푸껫까지 데리고 왔던 버스 기사의 친절에 감사했다. 음식을 사기에 턱없이 부족했던 돈에 초점을 맞추는 대신, 내가 돈이 없을 때 외상으로 쌀국수를 먹게 해주었던 친절한 가게 주인에게 감사했다. 가게 주인을 떠올릴수록 점점 더 감사하는 마음을 가지게 되었다.

태국 생활 초기, 그 쌀국수 가게 주인은 내게 천사 같은 존재였다. 가게는 작은 규모였고, 탁자 4개와 의자 12개가 전부였다. 내가 찾아갈 때면 대부분 손님이 없었고, 나는 지갑 사정이 어려운 채로 그 가게를 드나들었다. 처음에는 그녀가 공짜로 쌀국수를 내주었을 때 단지 내가 불쌍해서 그러는 줄 알았다. 그녀가 내 사정을 모를 리 없었으니까. 몇 주씩 외상값을 갚지 못한 적도 있었지만 그녀는 단 한 번도 내게 눈치를 주지 않았다. 오히려 날마다 따뜻한 쌀국수를 아무 말 없이 내밀었다. 1년 가까운 시간 동안, 돈을 받을 수 있을 거라는 아무런 보장도 없이 그녀는 나를 먹이고 돌봐주었다. 그녀의 그 따뜻한 손길은 지금도 내 마음속에 깊이 남아 있다.

나중에 생각해보니, 쌀국수 가게 주인은 대가를 바라지 않고 남에게 나누어주는 것을 즐기는 사람이었다. 그녀는 늘 미소를 지으며 내게 쌀국수 그릇을 건넸다. 처음에는 동정 어린 미소로만 생각했다. 그런데 내가 쌀국수값을 치를 돈이 없다는 사실이 아니라 내게 기쁜 마음으로 베풀고 있다는 사실에 초점을 맞추자, 동정을 받는다는 느낌이 아니라 사랑을 받는다는 느낌이 들었다. 쌀국수 가게 주인은 아무런 조건 없이 자기가 가진 것을 나누어주는 게 얼마나 소중한지, 그리고 감사하는 마음이 행복과 성공에 얼마나 중요한지 일깨워준 첫 인물이었다. 그녀는 내가 만나본 사람 중에서 가장 순수하고 친절한 사람이다. 내가 살아 있는 동안은 그녀를 결코 잊지 못할 것이다.

안타깝게도 어느 순간부터 우리는 연락이 끊겼다. 푸껫 시절 초기에 내가 찾아가곤 했던 그 가게는 지금 여러 해째 비어 있다. 그녀를 보지 못한 지도 벌써 여러 해가 지났다. 그러나 해마다 1월 초에 쓰는 101가지 목표 가운데는 그녀가 어디에 있는지 알아내서 멋진 쌀국수 가게를 열어주는 일이 포함되어 있다. 그렇게라도 보답할 수 있다면 얼마나 좋을까. 나는 언젠가 찾아올 그날을, 그리고 그녀의 미소를 바라보는 내 모습을 상상 속에서 시각화한다. 그리고 감사의 힘을 상기할 필요가 있을 때마다 그녀를 맨 처음 떠올린다. 가지지 않은 것 대신 가진 것에 초점을 맞추어야 함을 기억하는 일이야말로 감사하기의 핵심이다. 이런 정신적인 스위치를 일단 한번 켜보라. 그러면 감사해야 할 일이 얼마나 많은지, 그 감사의 깊이가 얼마나 깊은지 알고는 깜짝 놀랄 것이다.

　내가 영원히 감사한 마음을 품고 있는 사람이 또 한 명 있다. 나에게 『시크릿』 책을 보내준 스웨덴 친구다. 나는 간절히 필요했던 돈을 보내주지 않았다는 사실에 초점을 맞추지 않고, 그의 행동이 나에게 가져다주었던 모든 축복에 초점을 맞추었다. 만일 그런 일이 없었다면 지금 나는 어디에서 무엇을 하고 있을지 모를 일이다. 끌어당김의 원리로 책을 쓰기는커녕 이미 죽고 이 세상에 없을지도 모른다. 그 친구에게는 정말 감사한 마음을 가지고 있다. 친구가 보내준 그 책 덕분에 나는 많은 것을 성취했다. 그가 돈을 보내주길 거부하고 대신 책을 보냈을 때, 나는 난생처음으로 독립적인 인간으로서 나 자신을 개발하기 시작했다. 여전히 내게 마르지 않는 나눔을 주는 그 선물이 정말 고맙다.

고마운 마음을 표현하는 일은 생각보다 쉽다. 식당에서 팁을 줄 수도 있고, 말 한마디로 감사를 전할 수도 있다. 누군가의 친절을 기억하며 또 다른 누군가에게 선뜻 손을 내미는 것도 감사의 마음을 전하는 멋진 방식이다. 정성껏 쓴 손편지, 따뜻한 전화 한 통, 실적에 대한 보상 등 감사는 크고 작은 다양한 모습으로 표현할 수 있다. 때로는 "감사합니다" 한 마디면 충분하다. 단, 그 안에 진심이 담겨 있어야 한다.

감사의 감정은 행복을 불러온다

긍정심리학 연구에 따르면, 감사는 더 큰 행복으로 이어진다. 감사를 자주 느끼는 사람일수록 더 긍정적인 감정을 경험하고, 일상의 좋은 순간을 풍성하게 누린다. 건강이 좋아지고, 역경을 더 잘 이겨내며, 다른 사람과도 깊은 관계를 맺는다. 감사에 대해 연구하면 할수록 나는 그것이 내 삶을 얼마나 강력하고 긍정적으로 바꾸는지를 매번 새롭게 실감한다.

2013년에 발표된 학술지 《개성과 개인차 Personality and Individual Difference》는 '감사할 줄 아는 사람은 고통을 적게 경험하며 또 다른 사람들에 비해서 자기가 건강하다고 느끼는 비율이 높다'는 사실을 보고했다. 이어진 추가 연구에서는 감사할 줄 아는 사람은 자기 건강을 더 잘 챙기며 운동을 더 자주 하고 또 정기적으로 의료검진을 받는다는 사실도 확인되었다. 감사에 관한 여러 건강 연구 결과는 나 역시 실감할 수 있었다. 감사하는 마음을 꾸준히 실천한 이후, 내 몸이 예전보다 더 건강해졌음을 분명히 알 수 있었다. 육체적으로도, 정신적으로도 이전보다 훨씬 강인해졌음을 느꼈다.

감사 연구의 선도자인 심리학자 로버트 A. 에먼스는 감사하는 마음과 신체적·정신적 건강 사이의 연관성을 확인하기 위해 다양한 실험을 진행했다. 그의 연구 결과에 따르면, 감사는 행복감을 크게 높이고, 우울감을 현저히 낮추는 효과가 있었다.

감사하기를 꾸준히 실천하면 할수록, 감사하기를 일상적인 습관으로 만들수록 그리고 성공한 다른 사람들의 감사 철학에 깊이 빠져들수록 감사하기야말로 인생뿐만 아니라 사업까지 성공으로 이끌 비장의 도구임을 깨달았다. 우선 다음의 2가지 간단한 사실을 살펴보자.

첫째, 2014년 한 잡지에 실린 어떤 논문은 감사하는 마음이 운동선수들의 자존감을 높이고, 그것이 기록 향상에도 긍정적인 영향을 준다는 사실을 확인했다. 둘째, 다른 연구 논문들에서도 감사가 사회적 비교(자신의 신념이나 능력, 태도 등을 타인과 비교하여 자신을 평가하는 것-옮긴이)를 줄여준다는 사실을 입증했다. 감사할 줄 아는 사람은 자기보다 돈을 많이 벌거나 자기보다 좋은 일자리를 가지고 있는 사람들에게 앙심을 품기보다는 (이럴 때 그 사람의 자존감은 뚝 떨어질 수밖에 없다) 그 사람들의 성취를 높게 평가히며 기꺼이 박수를 보낼 수 있다.

나는 영업 분야에서 일하며 부동산 프로젝트를 진행하는 과정에서 그 일을 도와줄 수 있는 사람들과 가까운 관계를 맺게 되었다. 그러면서 사람들이 '이 사람과 함께 일하고 싶다'는 마음이 들도록 만들면 좋은 결과를 얻을 수 있다는 사실을 깨달았다. 또한 다른 사람들이 내가 하는 일에 도움을 주었다는 사실을 인정하고, 그에 대한 감사를 표현하면 거기서 다시 새로운 기회가 열린다는 것도 알게 되었다. 이런 과정은 기하급수적인 성공을 이루는 데 필수적인 요소다. 한 연구 논문에서도 "고맙습니다"라는 단순한 한마디가 감사와 예의를 드러내고 새로운 친구를 사귀는 계기가 될 수 있다고 밝혔다. 그 연구에 따르면, 새로 알게 된 사람들에게 감사의 마음을 표현하는 것이 그들 사이에 지속적인 인간관계를 형성하는 데 중요한 역할을 한다.

이렇게 감사하는 마음가짐의 스위치를 켜는 일은 내면에서 시작한다. 자기 자신에게, 즉 자기가 가진 재능과 자기가 성취한 것에 대해 감사하는 마음을 가지는 것이다. 내면적으로 감사하는 마음을 가지기는 매우 어렵다. 자칫 이기적이고 자기중심적인 마음을 가질 수 있기 때문이다. 자기 자신이나 자기의 재능을 높이 평가하는 게 이상하고 불편할 수 있다.

하지만 감사할 만한 일들은, 아무리 사소해도 우리의 일상 곳곳에 널려 있다. 예를 들어, 맑고 아름다운 날씨, 스트레스 없이 가벼운 발걸음으로 향하는 출근길, 자주 가는 커피숍에서 행복하게 미소 짓는 바리스타 혹은 우연히 들른 가게에서 기대하지도 않은 가격 할인을 받을 때 등 셀 수 없이 떠오를 것이다.

하루 중 약 10분 정도 감사하기를 실천할 시간을 마련하라. 하루가 끝나는 시점에 하는 것이 좋다. 그래야 하루를 돌아보며 감사하는 마음을 느끼고, 그 긍정적인 생각들이 잠재의식 속에 스며들어 잠들게 되기 때문이다. 그럼, 가만히 앉아 다음 단계를 따라 해보자.

1. 당신이 보낸 하루를 생각하라. 하루 동안 일어났던 일들과 그 일들을 겪으면서 느꼈던 감정들을 떠올려라. 그리고 내일이 당신에게 준비하고 있을 것들을 기대하라.
2. 감사하는 마음을 가질 수 있는 작은 것들에 초점을 맞추는 것에서부터 시작하라. 예를 들어, 마트에 갔을 때 마침 좋은 주차 구역이 나를 기다리고 있었다든가, 아침에 커피를 맛있게 마실 수 있었다든가, 누군가가 당신을 위해서 문을 열고 기다려주었다든가, 심지어 체육관에 가서 운동을 했다든가 하는 사소한 것도 좋다.
3. 당신이 감사하는 마음을 가질 사소한 것들을 모두 떠올렸다면 그것들을 시각화하라. 다음과 같이 하면 된다. "내 앞에서 문을 열고 들어가던 사람이 고맙게도 문이 닫히지 않게 잡고 나를 기다려주었다. 나

는 그 사람에게 감사한다. 그 사람이 나를 친절을 받을 자격이 있다고 바라보았다는 사실에 고맙다. 나는 오늘 의지력을 발휘해 체육관에 갔다는 사실에 감사하다. 내 건강과 신체에 고맙고, 나에게 운동을 할 에너지가 있다는 사실에 감사하며 또 내가 최고의 인생을 살아갈 수 있도록 건강에 집중할 수 있다는 사실이 고맙다."

4. 그다음에는 당신 인생에서 당신이 감사하게 여길 보다 큰 것들에 초점을 맞추어라. 당신이 맺고 있는 특별한 인간관계, 중요한 사업적인 거래, 여행을 하게 되는 기회, 모든 게 정상이라고 나온 건강검진 결과, 아이디어들 혹은 새롭게 나타난 기회들 등 말이다.

5. 당신이 감사하는 마음을 가질 중요한 것들을 모두 떠올렸다면 그것들을 시각화하기 시작하라. 예를 들어, "나에게 소중한 아무개가 있어서 이 사람에게 내가 사랑을 표현하고 또 이 사람으로부터 무조건적인 사랑을 받을 수 있다는 사실에 감사한다. 이 사람이 나의 좋은 점을 바라보고 또 그 덕분에 나도 나의 장점을 볼 수 있어서 고맙다. 나는 이번 거래에 감사한다. 나의 회사와 직원들과 고객들에게 새로운 기회들을 제시할 수 있다는 느낌이 얼마나 고마운지 모른다. 회사의 동료 직원들이 나와 전망을 공유하면서 내가 올바른 방향으로 자기들을 이끌어서 우리 모두가 함께 건승할 수 있도록 도와줘서 고맙다" 처럼 말이다.

6. 마지막으로는 당신이 했던 감사를 다시 한번 떠올린 다음, 그 크고 작은 일들에 대해 우주가 그 마음을 받아들여주기를 요청하라. 그리고

하루를 마무리하며 감사의 마음을 표현하고 그 감정이 주는 여운을 잠시 음미하라.

당신이 감사하는 마음을 이런 식으로 날마다 표현할 때 (명상을 통해 혼자서 되돌아볼 수도 있고, 당신에게 친절을 베풀었거나 어떤 식으로든 당신을 도운 사람들에게 직접 감사하는 마음을 표현할 수도 있다) 우주는 여기에 대한 대답으로 감사하는 마음이 더 많이 생길 일들을 가져다줄 것이다. 당신이 부자든 가난하든, 인생이 준 모든 것에 진심으로 감사한다면 우주는 그 마음을 알아차리고 앞으로도 감사할 일들을 더 많이 안겨줄 것이다. 인생에서 모든 것이 감사할 일임을 깨닫는 순간, 우리는 이미 가진 것들 덕분에 평화와 만족, 행복으로 가득 찬다. 가진 것에 만족하고 가지지 못한 것에 대한 집착을 내려놓으면, 감사 실천은 한층 더 쉬워진다. 이렇게 마음을 열면 우리는 평온하고 행복한 마음으로 또 하루를 맞이할 수 있다. 우주는 우리 몸에서 발산되는 긍정적인 감정을 인식하고, 그런 감정을 더욱 많이 끌어오도록 돕는다. 그럴 때 우리는 계속해서 감사하는 마음을 깊이 느낄 수 있다. 어려운 건 없다. 기본 원리는 단순하다. 큰 것이든 작은 것이든 인생의 모든 것에 감사하라. 그리고 받는 것과 감사하는 마음에 온전히 자신을 열어라.

의도적으로 감사하는 마음을 표현하면
원하는 결과를 얻을 수 있다.
내가 감사하는 마음을 의식적으로 키우지 않았다면,
지금도 여전히 해변에서 노숙자로 살고 있을 것이다.
감사를 의도적으로 표현할 때 삶이 달라진다.

감정을 잘 다루기만 해도 원하는 현실이 창조된다

"안드레스, 화가 날 때 행복을 생각하기만 하면 모든 게 저절로 해결된다고요? 너무 순진한 발상 아닌가요?"

내 주변에는 고개를 갸웃하면서 나를 바라보는 사람이 많다. 이런 반응은 신입직원들에게서도 자주 볼 수 있다.

부정성은 바람과도 같다. 잠깐 불다가 금방 사라져버린다. 그러니 우리는 바람을 막을 수 없다. 특히 회사를 운영하면서 분노, 좌절, 공포, 그 밖의 부정적인 감정들에 흔들리면 큰 거래에 영향을 미치거나, 동료들을 고립시키거나, 잘못된 결정을 내리거나 기회를 제대로 활용하지 못하게 된다. 부정적인 감정들이 회사의 비용을 갉아먹으면서 당신이 성장하는 것을 막는다는 사실을 제대로 인식할 때 긍정적인 감정들이 가져다주는 효과에 초점을 맞추기가 한결 쉬워진다.

부정적인 감정을 몰아내는 핵심은 먼저 그 감정을 있는 그대로 인식하고, 그 상태에 계속 머물렀을 때 생길 수 있는 손해를 자각하는 것이다. 그다음에는 행복과 사랑의 감정에 초점을 맞추며 앞으로 나아간다.

한번은 등산팀을 꾸려 페루 안데스산맥에 있는 살칸타이산 해발 4,700미터 봉우리에 올라갔다가 잉카 유적지인 마추픽추로 내려온 적이 있다. 높은 해발고도에 적응하는 시간을 보통 7일로 잡지만 우리는 이틀 만에 곧바로 등정을 시작했다. 우리는 고지 트래킹을 여러 번 했다는 경험만 믿고 별일 없을 거라 안일하게 생각했다. 결국 일행 가운데 두 사람이 고산병을 심하게 앓았고, 해발 4,500미터 지점에 다다른 날 밤에는 상태가 매우 심각해졌다. 도움의 손길을 받을 수 있는 곳은 수 킬로미터나 떨어져 있었고, 대자연은 혹독하기만 했다.

어느새 공포와 불안이 아픈 사람들의 마음을 완전히 사로잡았다. 환자 두 사람은 자신이 무사하게 산 아래로 내려가지 못할 수도 있다는 생각에 몸을 떨었다. 아프지 않은 사람들도 걱정과 좌절과 스트레스에 짓눌렸다. 그 상황에서 우리는 다들 무력감에 사로잡혔다. 시작은 일생일대의 모험이었지만 누군가에게는 인생의 마지막 모험이 될 수도 있었다. 걷기는커녕 제대로 호흡도 못 하는 환자 두 명을 데리고 마추픽추로 무사히 내려갈 방법을 찾아야만 했다. 날씨와 고도와 고립감은 우리의 마음을 계속 불안하게 만들었다.

그런데 문득 선명하게 어떠한 생각이 떠올랐다. 마음만 먹으면 감정을 (내가 오랜 세월 동안 열심히 맞서 싸웠던 대상이기도 하다) 통제할 수 있다는 깨달음이었다. 나는 등산대원들을 둘러보았다. 나는 그 사람들을 무척이나 사랑했다. 우리는 언제나 함께 여행했고, 나는 그들의 진정한 정신을 잘 알고 있었다. 문득 올려본 하늘은 그야말로 천국의 하늘이 그렇지 않을까 싶을 정도로 아름다웠다. 정말 뭐라고 말할 수 없을 정도로 아름다웠다.

나는 내 마음에 드리워진 공포와 불확실성에 맞서 싸우기 위해 내가 본 것을 있는 그대로 나 자신에게 말하기 시작했다. "나는 사랑과 아름다움에 둘러싸여 있으며 단단한 땅 위에 발을 딛고 서 있다", "내가 발을 딛고 선 이 땅은 흔들리지도 않을 것이며 나를 넘어뜨리지도 던져버리지도 않을 것이다", "산은 안전하게 하산할 단단한 땅을 제공할 것이다", "하늘은 영감으로 가득 차 있으며, 우리가 마지막 숨을 거두는 그 순간까지도 편안하게 살아 있음을 상기시켜준다", "함께 산행하는 사람들은 모두 서로를 사랑하며, 우리의 마음은 똑같다"고 말했다. 이렇게 내가 주변 환경을 인식하며 마음을 다잡자 나의 모든 근육이 팽팽하던 긴장에서 느슨하게 풀리는 걸 느꼈다.

나와 대원들의 호흡은 어느새 정상으로 돌아왔다. 그때 나는 너무도 절대적인 아름다움과 사랑에 둘러싸여 있음을 새삼스럽게 깨달았다. 나는 진정한 행복감을 느꼈다. 우리는 느리고도 조심스럽게 마침내 마추픽추에 도착했다. 거기까지 가는 동안 우리의 사기는 시종일관 하늘을 찌를 듯했다. 그날 밤 우리는 소중한 교훈을 얻었다. 자연의 무서움을 절대로 과소평가하지 말 것, 그리고 해발 고도가 높은 곳으로 산행할 때는 잠을 충분히 자고 물과 옷가지, 의료 장비를 충분히 준비할 것! 정말 당연한 것들이 아닌가?

인생에서는 좋은 것이 있으면 반드시 나쁜 것도 있다. 사랑에는 증오가 따르고, 기쁨에는 공포가 따르고, 또 성공에는 실패가 따른다. 모든 긍정적인 것에는 부정적인 것이 따르기 마련이다. 그러니 고통이나 어떤 부정적인 것을 한 번도 경험하지 않고서 인생을 살 수는 없다. 그런 것들이 전체 인생에 영향을 주지 않도록 하는 것이 더 중요하다. 인생이 긍정적일수록 거기에 비례해 부정성도 그만큼 커진다. 그렇다고 해서 그 부정성을 당신의 성공과 부자가 되는 것을 방해하도록 가만히 내버려두어야 한다는 말은 아니다.

스톡홀름 뒷골목을 쓸고 다니며 부정적인 감정들이 영혼을 갉아먹게 내버려두고 폭력과 폭음에 찌들었을 때, 나는 그 부정성을 인정할 수 없었다. 그랬기에 긍정성에 초점을 맞추고 집중할 수 없었다. 왜 그랬을까? 첫째, 나는 그게 가능하리라 생각도 하지 못했다. 둘째, 나는 고립 상태에 있던 나 자신에게만 너무 집중해 있던 나머지 내가 하는 행동이 다른 사람들에게 어떤 영향을 주는지 조금도 생각하지 않았다. 학교를 자퇴하고, 싸움질을 하고, 고주망태가 되도록 술을 마시는 행동이 가족에게 어떤 영향을 줄지 단 한 번도 생각하지 않았다. 만일 가족들이 주었던 모든 긍정적인 것들을 조금이라도 생각했더라면 내 마음속에 가득 차 있던 그 부정적인 것들을 반쯤은 몰아내고 나머지 절반을 긍정적인 것들로 채웠을 것이다. 얼마나 많은 것들이 내 주변에 있었는지 깨닫기까지 여러 해가 걸렸다. 고립과 외로움, 무가치함 그리고 절망으로 점철된 그 많은 시간이 지나고 나서야 비로소 나는 깨달았다. 어머니가 "가거라"라고 했던 허락의 말은 나를 믿는다는 마음을 어머니의 방식대로 표현한 것이었음을 말이다. 쌀국수 가게 주인이 나에게 공짜 쌀국수를 줬던 것은 내가 그 공짜 쌀국수를 먹을 자격이 있음을 보여준 그녀만의 표현 방식이었음을 말이다. 모든 곳에 신호가 있었지만 나는 자기혐오에 빠져 그 신호들을 알아보지 못했다.

두려움을 넘어서야 성공한다

사람의 마음에서는 하루에도 16,000개가 넘는 생각이 떠오른다. 특히 '공포'는 다른 부정적인 감정을 끌어내고, 이에 얽매이게 만든다. 스카이다이빙이나 동굴 다이빙과 같은 극한 스포츠는 사람들을 공포와 정면으로 맞서게 해준다. 왜 그럴까? 사람의 마음은 생존을 지향하도록 프로그래밍되어 있기 때문이다.

나는 전 세계를 돌아다니며 경험하는 것을 무척 좋아한다. 자연과 교감하는 것도 좋지만 그 과정에서 나 자신을 시험할 수 있기 때문이다. 내 인생에서 가장 마법 같은 순간은 여러 날에 걸쳐 노력을 들인 끝에 마침내 산 정상에 엉덩이를 대고 앉을 때다. 근육 하나하나의 힘이 모두 소진되고 몸은 아프다. 얼마나 지쳤는지 자리에 누우면 며칠 동안 꼼짝 않고 잘 수 있을 정도다. 이때 고요한 평정심을 느낄 수 있다. 일출의 첫 햇살이 지평선에 드리울 때 느낄 수 있는 영원한 고요함, 사방을 훤하게 내려다보며 자연에 녹아드는 깊은 느낌, 자연과 하나 되는 고요함 속 인식의 순간을 만끽하다 보면 살아 있다는 것이 얼마나 소중한지 진정으로 느낄 수 있으며 인생이 가져다주는 마법 같은 선물이 무엇인지 이해할 수 있다.

힘겹게 산을 오르는 동안 인내했던 정신적인 투쟁들은 일종의 끊이지 않는 전투이다. 한 걸음씩 떼놓을 때마다 마음의 목소리는 이제 그만 포기하라고 말한다. 그러나 여기에 맞서서 싸우며 한 걸음씩 떼놓을 때마다 나는 이렇게 말한다. 포기하고 싶은 마음이 들 때면 이 말만 명심하면 된다.

"절대로 포기하지 말자. 한 번에 한 걸음씩만 나가자!"

나는 등반 첫날에 포기하는 사람들을 많이 봤다. 산에 오르는 일은 단순한 체력 싸움이 아니라, 자기 정신을 단련하고 동료의 마음을 다잡는 훈련이기도 하다. 등반은 우리에게 한 가지 중요한 사실을 가르쳐준다. 몸은 무엇이든 감당할 수 있지만, 마음이 먼저 포기하며 "너는 할 수 없어"라는 속삭임으로 우리의 발걸음을 돌리려 한다는 것이다. 마음은 언제나 더 쉬운 길을 찾는다. 그러나 우리의 내면 깊은 자아는 그 목소리보다 훨씬 강하다. 사람은 누구나 상반된 두 목소리를 동시에 지니고 있다는 사실을 깨달은 것이 나에게는 사업을 하는 데 큰 도움이 되었다. 마음 한쪽에서는 안 된다고 말하고, 다른 한쪽에서는 된다고 말한다. 이때 된다고 말하는 쪽의 목소리를 선택하고, 절대 포기하지 말아야 한다.

나는 지금까지 수많은 직원들과 함께 다양한 산에 올랐다. 어떤 산은 높고 험난했지만, 어떤 산은 비교적 완만했다. 등반에 나설 때마다 나는 직원들에게 마음의 힘으로 신체의 한계를 끝까지 밀어붙이라고 당부한다. 그리고 하산할 때면, 그들은 언제나 한층 더 밝아진 얼굴로 행복을 느끼고 회사에 돌아와서는 높은 생산성까지 발휘했다.

나는 직원들을 데리고 일본에 가서 스키를 타기도 했고, 인도네시아의 활화산에 오르기도 했으며, 두바이에서는 4,000미터 상공에서 낙하산을 메고 비행기에서 뛰어내리기도 했고, 세계에서 가장 높은 산에도 올랐다. 이런 경험들은 거기서 느끼는 공포보다 훨씬 더 큰 가치가 있었다.

사실 내가 운영하는 회사 중 하나는 비행기에서 뛰어내리는 것을 직원의 필수 의무로 정해두고 있다. 그래서 직원 채용 면접 때 나는 이 사실을 미리 알린다. 그러면 대부분의 지원자들은 그 말을 듣자마자 지레 겁을 먹고, 절대 비행기에서 뛰어내릴 수 없는 온갖 이유를 늘어놓는다. 생각만 해도 오싹하고 죽을 것 같다는 게 일반적인 반응이다. 그럴 때 나는 "공포야말로 사람들의 발목을 붙잡아 성공을 가로막는 가장 큰 요인이다. 우리는 직원들이 그 한계를 뛰어넘고 엄청난 성공을 거둘 수 있도록 지원하고 싶다"고 설명한다. 나는 직원들이 공포를 극복하는 방법을 배우고 실천할 필요가 있으며, 그 과정에서 진짜 성장이 이루어진다는 점을 반드시 강조한다. 아닌 게 아니라 성공과 비행기에서 뛰어내리는 것 사이에는 직접적인 연관성이 있다.

처음 비행기에서 뛰어내렸던 순간을 돌아보면, 아드레날린이 넘쳐서가 아니었다. 사실 나는 죽을까 봐 무서웠다. 하지만 그때 뛰어내린 이유는 '공포'라는 감정에 지배되지 않고 내 인생을 스스로 온전히 이끌어 가고 싶었기 때문이다. 그 경험은 내 삶을 완전히 바꾸어 놓았다. 마음속의 공포를 지워버리자 수많은 기회가 내 앞에 나타났다. 기회가 문을 두드릴 때마다 이제 나는 망설임 없이 "좋아, 해보자!"라고 대답할 수 있다. 사업에서도 마찬가지다. 내가 가진 믿음이 아무리 남들 눈에 '맹신'처럼 보일지라도 나는 더 이상 두려워하지 않는다.

사업과 일에서 경계를 허물고 한계를 넓혀갈 때, 우리를 막을 수 있는 것은 아무것도 없다. 모든 감각을 시험하고, 신체적 능력을 끝까지 끌어올리며, 영혼 깊숙이 스며드는 경험은 그 어떤 것보다 강력한 변화를 만든다. 감정을 통제할 때 발휘되는 힘은 상상 이상으로 막강하다. 당신은 높은 산의 정상에 올랐고, 무사히 하산했다. 당신은 비행기에서 뛰어내려 자유낙하를 했지만 멀쩡히 살아남았다. 이런 경험을 한 사람에게는 예전처럼 부정적인 방향으로 이끌던 사소한 것들이 이제 더 이상 아무런 영향력을 발휘하지 못한다.

걱정은 아무것도 해결해주지 못한다

처음 사업을 시작하고 일이 잘 풀리지 않았을 때는 나도 늘 걱정에 사로잡혀 있었다. 매출이 떨어질까 봐, 직원들에게 급여를 주지 못할까 봐, 임대료를 내지 못해서 쫓겨날까 봐, 가족을 실망시킬까 봐 걱정이 되었다. 걱정은 두려움을 키운다. 걱정하면 행동을 주저하게 되고 그럴수록 온갖 불안에 휩싸이게 된다. 그러다 보면 생각도 어느새 비관적으로 바뀐다. 끊임없는 걱정은 공포와 두려움을 불러와 나를 마비시켰다. 결국, 처음에 나를 성공의 길로 이끌었던 행동들을 하지 않게 되었다. 그렇게 다시 예전 습관으로 되돌아갔다. 부정적인 생각들의 악순환에 사로잡혔고, 온갖 걱정에만 초점을 맞추었다. 결국 걱정이 현실로 드러나 모든 것을 잃어버렸다.

다시 사업을 시작할 때는 걱정이 기업을 운영하는 데 나쁜 영향을 끼친다는 걸 철저하게 명심했다. 이제 더는 감정의 비위를 맞추거나 감정에 휘둘리지 않는다. 부정적인 감정은 너무 쉽게 실패를 불러들인다는 사실을 알게 되었다. 걱정만 해서는 절대로 산에 오르지 못한다. 걱정이 아니라 행동만이 우리를 움직이게 할 뿐이다. 한 번에 한 걸음씩만 가도 된다.

어떤 시점에선가 나는 머릿속에서 걱정을 딱 끊어버렸다. 걱정을 해야 할 아무 이유가 없음을 깨달았다. 오직 내가 하는 일이 성공으로 이어지리라는 사실만 명심했다. 나는 여전히 흔들리지 않는 마음으로 나 자신을 믿는다.

부정적인 사고에 사로잡히지 않는 또 한 가지의 방법은 다른 사람의 부정적인 반응을 차단하는 것이다. 나는 영감을 받은 새로운 아이디어가 떠오를 때면 몹시 흥분한다. 당장 취할 행동 목록을 작성하든, 아이디어를 실현하는 데 도움을 줄 수 있는 사람과 만나든 곧바로 행동에 나선다. 이때 내가 가진 꿈을 이해하지 못하는 사람들은 만나지 않는다. 나는 크게 생각하고, 사람들 대부분이 불가능하다고 생각하는 것을 성취하려 한다.

내가 설정한 목표를 다른 사람과 공유하다 보면, 부정하고 의심하는 반응이 돌아오기도 한다. 하지만 이런 반응들은 내 인생에 전혀 필요하지 않은 부정성의 유형일 뿐이다. 특히 영감을 받아서 새로운 아이디어를 떠올렸을 때는 더욱더 그렇다. 나는 개인적으로 설정한 목표와 관련해서, 목표를 달성하는 데 도움이 될 사람들에게만 이야기한다는 원칙을 세웠다. 나는 설정한 목표를 달성할 때까지 내 에너지가 높은 상태로 계속 유지되길 바란다. 그래서 대개는 나 혼자서 목표를 간직한다.

    부정적인 감정은 암과 같다. 원하는 것을 이루는 데 큰 방해 요소가 된다. 부정성은 매우 빠른 속도로 번지며 모든 사람, 모든 것에 영향을 끼친다. 의사가 암을 발견했을 때 어떻게 하는가? 암세포가 다른 신체 조직이나 장기로 번지기 전에 최대한 빠르게 잘라낸다. 누구든 끌어당김으로 인생을 바꾸고 싶다면 무엇보다 부정적인 감정, 부정적인 사람을 떨쳐내고 이런 부정성이 주변에 얼씬도 못하게 해야 한다. 아무리 많은 돈을 벌게 해준다 해도 부정적인 사람은 무조건 잘라버려야 한다.

    사람들은 대부분 끌어당김의 원리가 얼마나 강력한 힘을 발휘하는지, 얼마나 실천하기 쉬운지, 이 원칙들을 실행할 때 인생이 얼마나 크게 바뀌는지 알지 못하고 쉽게 부정적인 감정을 품고 부정적인 말을 내뱉는다. 나는 늘 내가 가슴에 담은 목표가 가능하지 않다고 의심하는 사람들이 틀렸음을 입증하겠다는 마음을 가지고 있다. 그리고 이 생각은 강한 동기 부여가 된다.

    두려움과 공포, 걱정에서 벗어나는 일은 쉽지 않아 보일지도 모른다. 하지만 나는 누구나 나와 똑같이 부정적인 사고를 내려놓고 새로운 가능성을 열 수 있다는 것을 안다. 당신의 가능성을 의심의 눈초리로 바라보는 사람들이 모두 틀렸음을 입증해보자. 이보다 더 만족감을 주는 일은 없다. 다른 사람들이 보내는 모든 부정성을 연료로 삼아 내면의 열정을 불태워라. 스스로 반드시 성공할 것임을 마음속 깊은 곳에서부터 믿어라.

새로운 기회는 걱정, 좌절, 분노, 불확실성,
질투, 공포 같은 부정적인 감정을 싫어한다.
긍정적인 태도는 타고난 성격이 아니라
매일 훈련해야 하는 마음의 근육이다.
이 마음의 근육은
'긍정으로 부정을 이겨낸다'는 확신에 따라
강해지거나 약해진다.

오직 긍정적인
진동의 감정만을 받아들여라

몇 년 전의 일이다. 늘 높은 성과를 내던 판매팀 직원 한 명이 입사 후 처음으로 나쁜 실적을 기록했다. 이름을 밝힐 수는 없으니 그냥 '롭'이라고 하겠다. 실적이 나빠지자 롭은 사무실에서 불평을 늘어놓기 시작했다.

"고객이 씨가 말라버렸어. 시장이 죽었어."

"경쟁자들이 너무 많이 생겨버렸어, 힘든 상황이야."

"나에게 걸리는 고객은 어째 모두 가난뱅이들뿐이야, 재수 없게 말이야."

상황을 지켜보던 나는 롭을 내 사무실로 불렀고, 그는 또 불평을 늘어놓았다. 나는 실적이 나쁜 달은 얼마든지 있을 수 있고 충분히 이해한다고 했다. 당연히 그 실적만으로 그의 능력을 나쁘게 평가하지 않을 거라는 사실도 알아듣게 이야기했다. 그런 다음 브라이언 트레이시 같은 영업 귀재들이 자기 비법을 이야기하는 인터넷 동영상 몇 개를 소개하며 꼭 보라고 했다. 그리고 유익한 기사도 몇 개 소개하면서 읽어보라고 보냈다. 목표 설정과 시각화 기법들을 동원해서 성공을 거두었던 나의 사례를 들려주기도 했다. 이런 나의 노력은 롭이 다시 자기 일에 열중할 수 있게 하기 위해서였다. 하지만 그는 내 사무실에서 나갈 때까지 심드렁한 표정이었다. 롭은 판매팀에서 다섯 손가락 안에 꼽히는 직원이었다. 이런 직원이 기가 꺾이고 의욕을 잃어버리는 걸 나로서는 가만히 두고 볼 수 없었다. 그래서 나는 어떻게든 롭이 다시 예전처럼 활기를 되찾길 바라면서, 그에게 필요하다 싶은 지식과 의견을 주느라 무척 애를 썼다. 나름대로 그에게 열심히 투자한 셈이다. 그러면서 온갖 불평을 늘어놓았던 일을 눈감아주었다. 하지만 이는 잘못된 선택이었다.

롭을 내 사무실로 불러 이야기를 나누고 며칠이 지난 뒤, 그는 판매팀의 다른 직원들과 마케팅 쪽 사람들을 상대로 불평하기 시작했다.

"내가 그래도 최고 실적을 올리던 사람이었는데, 이런 내가 거둔 실적이 이 정도밖에 안 된다면, 무언가 심각하게 잘못된 거야."

"경쟁 업체들이 점점 우리보다 우위에 서고 있어. 고객들도 점점 더 그쪽에 빼앗기고 말이야. 상황이 계속 나빠지고 있어."

롭의 암적인 영향력은 회사 안에 빠르게 퍼져나갔다. 몇 주 지나지 않아 전체 판매 직원의 절반과 마케팅 직원 가운데 절반이 롭이 하는 말을 똑같이 하기 시작했다. 사무실 안에는 이런 말들이 돌아다녔다.

"롭이 경쟁 업체로 자리를 옮길 것 같지 않아?"

"이번 주 데이비드 실적 봤어? 롭도 죽을 쑤고 있는데 데이비드라고 별수 있겠어? 뭔가 안 좋은 일이 진행되고 있는 것 같아."

팀의 자신감, 단호함, 동기가 모두 흔들리고 있다는 것은 누가 봐도 분명했다. 실적도 꾸준히 하락세를 보였다. 그럼에도 불구하고 나는 롭이 회사를 떠날 경우 매출이 크게 떨어질 것이라는 걱정에 사로잡혔다. 내가 상상한 최악의 상황은, 롭이 회사를 떠난 뒤 판매팀의 다른 직원들까지 연쇄적으로 회사를 그만두는 것이었다. 결국 나는 긍정적인 판매 조직을 구축하는 것보다 단기 실적에 더 집착하고 있었던 셈이다. 하지만 결과만 중시하다 보면 걱정과 불안이 따라붙고, 그로 인해 성급한 의사 결정을 내릴 수밖에 없다.

나는 롭을 다시 불러서 긍정적으로 생각하고, 부정적인 얘기는 회사에서 하지 말라고 당부했다. 그러자 롭은 회사 안에서 떠도는 흉흉한 이야기들이 자기 입에서 나온 게 아니라고 했다. 실적이 낮은 직원들이 질투심에 눈이 멀어 그런 얘기를 지어냈으며, 문제의 핵심은 자기가 아니라 모든 사람이 다 얘기하는 시장 상황의 암울함이라고 강조했다.

제법 오래전, 내가 운영하는 여러 회사의 직원들을 위해 성공을 주제로 세미나를 마련한 적이 있다. 그 자리에 초빙된 사람들 가운데 한 명이 브라이언 트레이시였다. 나는 그에게 회사를 성장시키는 과정에 있는 기업가에게 해줄 수 있는 가장 좋은 조언이 무엇이냐고 물었다. 그의 대답은 단순했다.

"만일 당신이 어떤 직원에게 가르침을 주고 영감을 불어넣고 또 직원을 지도하려고 최선을 다했음에도 그 직원이 더는 나아지지 않는다면, 망설이지 말고 기다리지도 말고 최대한 빨리 그 직원을 내보내라."

탁월한 실적을 내는 팀에 속해 있는 부정적인 태도를 가진 직원을 곧바로 정리하는 것, 이는 내가 지금까지 들었던 조언 가운데 최고였다. 나는 이 전략을 채택했고, 그 덕분에 지속적으로 이어질 뻔한 위험으로부터 팀의 다른 구성원들과 나 자신을 보호할 수 있었다. 나로서는 암 덩어리가 더 커지기 전에 잘라내고 그 주변을 치료하는 것 말고는 다른 대안이 없었다. 나는 롭을 세 번째로 내 사무실로 불러서 더 나은 직장을 찾아보라고 말했다.

훌륭한 팀과 훌륭한 회사가 부정성 때문에 바닥으로 곤두박질 친 사례를 많이 보았다. 아무리 훌륭한 팀워크라 하더라도 부정성이 자리를 잡으면 사람들의 긍정적인 태도가 오염되면서 팀워크가 허물어지기 시작한다. 실적이 좋은 직원이라 하더라도 팀플레이를 하지 않거나 부정적인 태도를 가졌다면 반드시 이런 일이 일어날 수밖에 없다. 회사를 키워나가려고 애를 쓰는 상황에서는 부정적인 태도를 가졌다는 이유만으로 실적이 좋은 직원을 내보내기가 쉽지 않다. 일시적이긴 하지만 회사의 실적이 휘청거릴 수도 있다. 그러나 이런 것에 연연하면 안 된다. 실적이라는 결과보다는 긍정성을 언제나 우선시해야 한다. 떨어진 실적은 다시 올릴 수 있지만, 부정적인 태도를 가진 직원이 팀과 회사 조직에 끼치는 나쁜 결과는 되돌릴 수 없다.

직원을 채용할 때 나는 일부러 따로 시간을 내 그 직원이 어떤 사람이고 어떤 목표를 가지고 있는지, 무엇이 그를 열심히 일하도록 등을 떠미는지, 그가 무엇에 열정을 가지는지 알려고 노력한다. 만일 목표가 없다면 목표를 올바르게 설정하고 성취하도록 돕는다. 이런 작업이 그들을 역동적이고 생산적이며 회사에 충성을 다하는 직원으로 만든다는 사실을 잘 알기 때문이다. 때로 어떤 직원은 내가 소개한 책을 읽으려 하지 않거나 제안한 훈련법을 실천하려 하지 않는다. 어떤 직원이 학습 자체를 싫어해서 회피한다는 사실을 알기까지 몇 달이 걸리기도 한다. 이런 모습을 확인하고 나면 그 직원에 대해 다음 3가지 사실을 추론할 수 있다.

1. 이 사람은 팀플레이어가 아니다.
2. 이 사람은 자기만 생각할 뿐 다른 사람을 돕는 데는 관심이 없다.
3. 이 사람에게는 자기 계발 동기가 없으며, 내가 이런 지적을 하면 곧바

로 이렇게 반발한다. "안드레스, 당신이 추천하는 책을 읽지 않는다거나 당신이 제안한 목표 설정 훈련법이나 시각화 훈련법을 실천하지 않는다고 해서 팀플레이어가 아니라고 결론 내리는 것은 잘못된 겁니다."

분명히 말하지만, 내가 어떤 직원에게 책을 읽거나 특정 훈련법을 실천하라고 권하는 것은 내 믿음을 맹목적으로 따르라는 의미가 아니다. 자기 의견을 포기하라고 강요하는 것도, 내가 추천하는 책의 내용을 그대로 모방하거나 앵무새처럼 외우라는 것도 아니다. 다양한 가능성과 새로운 발상에 마음을 열라는 의미다. 열린 태도는 개인뿐만 아니라 팀과 회사가 성장하고 성공하는 데 반드시 필요하다. 만일 당신이 회사에서 성공하고 싶다면 새로운 것을 시도해보고 그것이 자신에게 맞는지 확인하라. 팀 문화에 적극적으로 참여하라. 그래야만 다른 사람들의 생각에 얼마나 마음이 열려 있는지, 팀을 더 크게 성장시키는 데 얼마나 기꺼이 동참하는지, 그리고 자아실현 욕구가 얼마나 강한지 확인해볼 수 있다.

학습을 회피하고 부정적인 태도를 고집하는 사람은 팀에서 과감히 정리해야 한다. 이렇게 해야 부정성이라는 암세포가 조직에 뿌리를 내리지 못하며, 다른 직원들에게도 '긍정성은 결코 포기할 수 없는 조직의 핵심 문화'라는 강한 메시지를 줄 수 있다.

감정은 전염성을 띤다

감정은 전염성이 강해, 밀접하게 접촉하는 사람들 사이에서 감기처럼 쉽게 퍼진다는 사실은 이미 과학적으로 입증되었다. 그래서 나는 무슨 일이 있어도 뒷담화를 하지 않는다는 원칙을 회사, 부서, 팀, 그리고 가족에게까지 당부했다. 뒷담화는 부정적인 에너지를 만들고, 또 그것을 키운다.

가끔 뒷담화가 오가는 자리에 있을 때가 있다. 그럴 때 화장실에 다녀오거나 급히 전화할 곳이 있다며 자리를 벗어난다. 나는 부정적인 에너지가 나를 끌어내리는 것을 단호히 거부한다. 부정적인 에너지는 인생을 불필요하게 복잡하게 만들고 수많은 문제를 불러온다. 회사에서도 이 원리는 똑같이 적용된다.

만일 사적인 대화가 회사에서의 뒷담화 소재가 되면 직원들 사이에 신뢰가 무너진다. 직원들이 뒷담화에 지나치게 몰두할 때 직원들의 사기도 떨어질 수 있다. 그러면 나중에 이 직원들은 회사를 그만둘 것이다. 회사 내의 어떤 직원이 직장 내 뒷담화 대상이 되면 단합이 깨지는 치명적인 환경이 조성된다. 뒷담화에 지나치게 몰두한 직원은 일에 집중하지 못할 것이고, 당연히 생산성이 떨어질 수밖에 없다.

언제나 긍정적으로 행동하고, 다른 팀 구성원들이 자유롭게 생각하고 협력하도록 독려하며, 개인적인 성장을 회사에서의 역할과 연결 짓고, 늘 주도적인 태도를 유지하는 직원들로 팀을 구성한다고 해보자. 그런 팀은 작업 속도, 생산성, 충성심, 업무 만족도, 회사 성장과 수익성 등 모든 측면에서 훨씬 더 긍정적인 성과를 낸다. 이 모든 이유로, 인생에서 새로운 기회를 만들고자 하는 사람이라면 부정성과 뒷담화를 멀리하는 것은 너무도 당연하다. 또한 고용주는 직원이 해로운 존재로 변질되지 않도록 다양한 전략을 구사해야 한다. 예를 들어, 다음과 같은 전략들을 시도해볼 수 있다.

- 뒷담화 없는 직장 만들기
- 독서와 세미나를 통해 직원들이 긍정적인 생활을 하도록 교육하기
- 목표 설정하기
- 시각화하기
- 부정성 회피하기
- 긍정적인 감정으로만 소통하기

부정성은 (그리고 이 부정성을 낳는 뒷담화는) 개인의 인간관계에서와 마찬가지로 회사에서도 암적인 존재이다. 실적이라는 결과보다 긍정성을 언제나 우선시해야 하는 이유도 바로 여기에 있다. 결과를 토대로 한 의사 결정은 인간관계, 사업적인 거래, 무제한의 기회 창출에서 언제나 최고의 선택이 되지는 않는다. 다음을 놓고 한

번 생각해보사.

> ◆ 회사에서 함께 일하는 다른 동료의 수입이 엄청나게 많다는 이유로 스트레스를 받는다면, 이 스트레스 때문에 결국 당신과 그 동료 사이의 우호적이던 관계는 깨지고 말 것이다. 당신은 그 동료와 친구 사이로 남지 못할 것이다.
> ◆ 팀 안에서 누군가가 부정적인 영향을 끼치지만 실적이 높다는 이유만으로 계속 팀에 남겨둔다면, 결국 팀 전체의 생산성은 점점 떨어지고, 그 사람을 뒷받침하던 다른 팀원들이 회사를 떠날 수 있다. 그렇게 되면 최고의 실적을 내던 직원조차 더 이상 힘을 발휘하지 못한다. 긍정적인 태도를 지닌 평범한 성과의 직원이, 장기적으로는 팀의 지지를 잃은 최고 실적자보다 더 많은 이익을 만들어낼 수 있다.
> ◆ 회사에 대해 오로지 긍정적으로만 말하도록 훈련받지 못한 직원은 언젠가 나쁜 상황에서 나쁜 말로 회사의 수익과 새로운 기회에 장애물을 만든다.

뒷담화는 부정성과 나쁜 기운을 낳는다. 부정적인 사람을 회사나 우리의 인생에서 도려낼 수 있어야 한다. 그리고 이때 그 사람이 적개심을 품은 채 돌아서지 않도록 조심해야 한다. 그래야만 끝까지 좋은 기분을 유지할 것이고, 이럴 때 당신 역시 좋은 기분을 유지할 수 있다.

당신 주변에 당신을 믿고 긍정적인 힘을 주는 사람들로 채워라.

부정적인 사람은 최대한 신속하게 멀리하라. 주변에 있는 사람들의 모습이 곧 당신의 모습이 되기 때문이다. 뒷담화는 회사에서 부정성을 낳는 가장 큰 요인이라고 확신한다. 그래서 나는 펜실베이니아변호사협회가 하는 것처럼, 뒷담화에 대해서만큼은 무관용의 원칙을 가지고 있음을 직원들이 다 알 수 있도록 어떤 상징물을 활용하는 것에 적극적으로 찬성한다. 뒷담화는 직무 만족도를 떨어뜨린다. 우리는 누구나 한 번씩 뒷담화를 하지만 대부분 뒷담화를 좋아하지 않는다고 말한다. 보다 긍정적이고 집중적인 직장 분위기가 마련되려면 뒷담화가 없어져야 한다.

뒷담화란 개인적이거나 선정적이거나 어딘지 은밀한 소문을 놓고 숙덕거리는 대화다. 험담꾼은 이런 은밀하고 개인적인 소문이나 사실을 습관적으로 떠벌린다. 사실 뒷담화는 일반적으로 하는 행위이기도 하다. 또한 당신의 선택에 따라 자발적으로 하기도 하고, 떠밀려서 하기도 한다. 뒷담화를 좀 더 자세하게 말하면 이런 것이다.

- ◆ 뒷담화에는 그 자리에 없는 사람이 주인공으로 등장한다.
- ◆ 뒷담화에는 다른 사람을 욕하는 것도 포함된다.
- ◆ 뒷담화는 대개 다른 사람의 신뢰나 평판에 해를 끼칠 수 있는 추측성 이야기다.

앞으로는 다음과 같은 다짐을 바탕으로 뒷담화 없이 일에만 집중하는 회사를 만들어보자.

◆ 일과 관련된 칭찬이나 참조할 만한 내용이 아닌 한, 그 자리에 없는 사람을 은근슬쩍 화제에 올려서 욕을 하지 않는다.
◆ 그 자리에 없는 누군가를 부정적으로 평가하는 대화에 참여하지 않는다. 그런 대화가 시작되면 화제를 바꾸거나 그런 말을 시작하는 사람에게 뒷담화를 하지 않기로 약속했다고 말한다.
◆ 회사 내의 어떤 사람에 대한 개인적이거나 무례한 정보를 담은 이메일을 보내지도, 그런 메일에 답장하지도 않는다.
◆ 함께 일하는 사람들에 대해서 동료와 우호적으로 이야기를 나눈다.
◆ 부서 내 어떤 사람이 비윤리적이거나, 절차를 어기거나, 파괴적인 행동을 할 때는 책임이 있는 사람이 개입해서 잘못된 것을 바로잡을 수 있도록 적절한 경로를 찾아서 보고한다.
◆ 자기 일에만 신경을 쓰면서 열심히 일하고 전문성을 갖춘 어른이 되기 위해 노력한다. 다른 사람들에게도 내가 하는 것과 똑같은 것을 기대한다.

나는 부정적인 태도를 가지고 있거나 실적이 나빠서 내보내야 할 사람이 있을 때마다 그 사람과 가장 긍정적인 방식으로 개인적인 합의를 한다. 그 사람을 따로 조용한 회의실로 불러 그 사람이 현재의 자리에 맞지 않는다는 사실을 알게 해준다. 그리고 한 달

치 급여를 따로 챙겨준다. 이는 새로운 일자리를 알아보도록 시간을 벌게 해주고 그 사람이 받을 스트레스를 조금이나마 덜어준다. 그리고 추천서를 잘 써주겠다고 약속한다. 그 사람이 비록 우리 회사에서는 최고의 인재가 아닐지 몰라도 다른 회사에서는 탁월한 능력을 발휘할 수도 있기 때문이다. 나는 함께 일하거나 만나는 사람에게 언제나 공정하게 행동한다는 사실에 자부심을 가지고 있다. 내가 다른 사람을 대하는 방식이 곧 다른 사람들이 나중에 나를 대하게 될 방식과 다르지 않을 것이기 때문이다.

부정적인 영향을 주는 직원을 내보내고, 부정성에 사로잡혀 있던 다른 직원들이 그 부정에서 벗어나며, 당신이 부정적인 생각들로 굴러가던 조직을 운영하느라 겪었던 스트레스에서 해방될 때, 얼마나 많은 긍정적인 효과가 나타나는지 생각해보라. 그 효과를 몇 가지 예로 들면 다음과 같다.

- ◆ 팀의 사기가 올라간다.
- ◆ 팀의 생산성이 높아진다.
- ◆ 실적이 좋아진다.
- ◆ 리더십이 향상된다.
- ◆ 업무 환경이 한층 더 행복해진다.
- ◆ 고객이 한층 더 행복해한다.
- ◆ 매출이 늘어난다.

부성석인 에너지가 사라진 자리에는 자연스럽게 긍정의 흐름이 들어선다. 팀 안의 부정성을 정리하고, 스스로도 불필요한 걱정과 비난을 내려놓으면 당신의 마음은 훨씬 더 가벼워지고, 조직은 훨씬 더 활기차게 돌아간다.

긍정적인 감정은 단순히 기분을 좋게 만드는 것을 넘어, 사람들의 창의력과 집중력을 높이고 협력을 이끌어내는 가장 강력한 동력이다. 그렇기에 지금 이 순간부터라도 부정적인 감정은 단호히 거부하고, 오직 긍정적인 감정만을 받아들이는 선택을 하라. 그것이 곧 더 나은 현실과 기회를 끌어오는 시작점이 된다.

가장 실천하기 어려운 것들 가운데 하나가
뒷담화 자리에 끼지 않는 일이다.
그렇지만 당신이 이런 뒷담화를 할 때
당신 인생이 한순간에 뒤집어질 수도 있다.

PART 3.

LESS

끌어당긴 것을
제대로 받는 강력한 도구

to NAIRE

축하하는 마음은
풍요의 에너지를 불러온다

내 청소년 시절의 기억은 대부분 어둡다. 그래서 나는 올바른 길로 가기 위해 불량배 무리를 떠나려고 애썼다. 다시 말해, 익숙했던 거리의 삶을 벗어나기로 결심한 것이다. 비록 좋지 않은 소속감이었지만, 어딘가에 속해 있다는 그 안정감을 내려놓고 태국으로 떠나왔다.

뒷골목에서 생활할 때 내가 싸움에서 이기면 친구들은 나에게 환호성을 보냈다. 나는 내가 휘두른 폭력이 어떤 결과를 낳았는지 지켜보며 짜릿한 쾌감을 느꼈다. 그 느낌을 긍정적인 진동으로 받아들였다. 그것이 바로 내가 그토록 오랜 기간 불량배 집단의 일원으로 충성을 다하며 살았던 이유다. 그렇게 잘못된 충성을 하는 것이, 사실은 나를 죽이는 일인 줄도 모르고 말이다.

앞서 이야기한 스톡홀름의 텔레마케팅 회사에서 일할 때, 나는 동료들 사이에 앉아 있으면서도 늘 완전히 혼자인 것 같았다. 내 존재 가치를 느낄 수 없었다. 거래를 성사시킬 때마다 나보다 더 큰 성과를 내고 칭찬을 받는 사람이 항상 있었고, 보너스는 언제나 실적이 좋은 몇몇 사람들에게만 돌아갔다. 나머지 사람들은 아무런 인정을 받지 못했다. 그 회사에서 실적이 좋은 사람들은 칭찬을 들었고, 실적이 나쁜 사람들은 퇴사를 종용당했으며, 나를 포함한 어중간한 사람들은 그저 투명인간 취급을 받았다.

앞서 나는 그 일을 너무 싫어한 나머지 자주 지각했고, 결국 해고되었다고 말했다. 그 후 나는 피해망상에 사로잡혀 아파트 현관문 문구멍으로 바깥을 들여다보는 데 집착했다. 하지만 내가 느꼈던 불안감, 우울감, 그리고 동기 부여 부족이 모두 그 일자리 때문이었을까? 아니다. 궁극적으로 그 모든 책임은 나에게 있었다. 그러나 그 일자리가 나를 투명인간처럼, 언제든 다른 사람으로 대체될 수 있는 보잘것없는 존재로 느끼게 만든 건 사실이지 않은가?

지금 나는 부동산 회사부터 피트니스 클럽과 커피숍에 이르기까지 다양한 분야의 사업체 19개를 운영하고 있고, 직원은 몇백 명이나 된다. 여기까지 오는 동안 여러 번 대단한 성공을 경험했다. 내가 거둔 성공의 많은 부분은 자기 자신의 존재가 다른 어느 누구와도 대체할 수 없다고 느끼는, 자신감으로 가득한 직원들로 구성된 팀을 구축했기에 가능했다.

스톡홀름의 텔레마케팅 회사에서는 'ㅇ월의 우수 직원'이니 '판매왕'이니 하는 이름으로 개인 포상을 하곤 했다. 이런 보상 체계는 언제나 나를 포함한 나머지 직원들의 사기를 꺾었다. 경영진은 계속해서 높은 성과를 내는 직원들만 소중하게 여겼다. 팀별 실적이라는 것도 없었고, 최고 실적을 올리는 사람을 옆에서 지원한 사람들도 인정해주지 않았다. 결국 좋은 사람들이 일을 그만두고 회사를 떠나는 모습을 봐야 했다. 나처럼 사기가 떨어져 계속 낮은 실적밖에 올리지 못하는 사람들도 많았다. 나는 그 일을 되돌아보면서 개인이 아니라 팀이 중요하다는 사실을 배웠다. 사람은 누구나 인정받을 자격이 충분하며, 경영자로서 이를 깨닫게 해주는 일도 중요하다는 것을 알게 되었다.

축하의 진정한 의미

모든 승리에는 축하가 뒤따른다. 의도적으로 시간을 내어 자신의 성공을 축하하면 긍정적인 마음은 더욱 커지고, 부정적인 마음은 자연스럽게 사라진다. 물론 모든 성취 때마다 파티를 열 필요는 없다. 하지만 적어도 자신이 이룬 일에 대해 스스로를 토닥이며 미소를 지어줄 여유는 필요하다.

10대 시절과 푸껫에서 살기 시작한 뒤 몇 년 동안, 나는 축하를 완전히 다른 방식으로 했다. 어릴 때는 매일 밤 파티를 열며 인생을 즐겼다. 다음 날 체포되어 감옥에 있을지, 아니면 살아 있을지 조차 알 수 없었기 때문이다. 돈이 있으면 술을 사고, 시간이 있으면 친구들과 어울렸다.

태국에 와서 호텔에 고용되어 관광객에게 전단을 나눠주던 시절에도 마찬가지였다. 벌어들인 얼마 안 되는 돈을 비슷한 생각을 가진 동료들과 파티를 하며 탕진했다. 가끔 친구나 동료들과 이런 식으로 축하를 하는 것은 괜찮다. 그러나 그것이 일상이 되거나 인생의 주요 목표가 되어선 안 된다.

축하할 일이 있다면 가급적 혼자보다는 다른 사람들과 함께하는 것이 좋다. 축하하는 일에 언제나 열정을 보여라. 주변에서 벌어지는 모든 일은 당신이 생각하는 것보다 더 중요하고 더 재미있다. 너무 진지하게 굴지 말고 여유를 가져라. 그러면 당신 주변에 있는 사람들도 모두 여유를 느낄 것이다.

우리 회사의 경우, 영업팀이 기록을 경신하거나 목표를 달성할 때마다 축하 행사를 기획한다. 한 팀이 되어 야외 행사를 준비하고, 승리의 순간을 함께 즐기며 팀워크를 쌓는다. 어떤 성취를 이뤘을 때 느끼는 그 벅찬 감정은 개인의 차원을 훌쩍 넘어선다. 사람들은 혼자 축하하는 것보다 팀으로 함께 축하할 때 훨씬 더 즐겁고 고무적이라는 사실을 깨닫는다. 나는 직원들에게 말한다.

"다른 사람이 성취를 이루었다면, 그가 경쟁자일지라도 함께 축하하고 기뻐하라."

2016년, 나와 영업팀은 2년 가까이 깨지지 않던 기록을 마침내 경신했다. 그 순간을 기념하기 위해 나는 팀 전원을 초대해 동남아시아에서 가장 높은 활화산 정상 등반에 나섰다. 나흘 동안 이어진 힘든 여정 끝에 정상에 올랐을 때, 우리의 마음은 기쁨과 안도, 그리고 성취감으로 가득 찼다. 텐트에서 함께 잠을 자고, 모닥불 주변에 둘러앉아 노래를 부르고 도란도란 이야기를 나누며 우리는 예전보다 훨씬 더 끈끈하게 하나가 되었다. 이런 경험 덕분에 팀원들은 서로에게 더욱 살갑게 다가가고, 기꺼이 서로를 도우며 과거의 실적을 끊임없이 경신하고 있다.

일상의 작은 성취들을 축하하라

반드시 눈에 띌 만한 큰 성과가 아니더라도, 일상의 작은 것들에 축하하고 감사하는 일 역시 중요하다. 생활 속에서 성취감을 느낄 만한 것들을 찾아보자. 가령 레시피를 보고 요리를 만드는 데 성공했거나, 일터에서 하루의 일을 문제없이 잘 마무리했거나, 새로운 사업 관계의 물꼬를 텄거나 하는 작은 성과들을 이루었다면 자기 자신에게 축하의 말을 건네주자.

직원이 생일이나 결혼기념일 등 개인적인 경사를 맞았을 때도 축하를 건네라. 직원 한 사람 한 사람이 어떤 삶을 살아가는지 알고, 조직이 거둔 성공만이 아니라 모든 개인이 일상에서 거둔 성공도 축하하라. 축하의 규모는 상관없다. 단지 성취한 사실만 언급하며 칭찬할 수도 있고 축하 파티를 열 수도 있다. 중요한 것은 직원들과 정서적인 경험을 공유하고, 모든 사람이 함께 즐길 수 있는 계획을 세우는 일이다.

하버드대학교 비즈니스 스쿨의 테레사 아마빌 교수는 7개 기업에 종사하는 238명 직원들의 업무 일지 12,000개를 분석했다. 그런데 이 연구를 통해서 밝혀진 사실이 매우 흥미롭다. 직원들은 매일 자신의 실적을 일지에 기록하면서 동기 부여 수준이 눈에 띄게 높아졌다. 작은 성취라도 매일 기록하는 습관은 그것을 소중하게 평가하게 만들고, 결과적으로 자신감을 높인다고 아마빌은 설명한다. 그리고 자신감은 미래의 더 큰 성공을 이끌어내는 핵심 열쇠다. 이 연구와 패트릭 에드발드의 기사에 따르면, 작은 성취라도 그것을 인정하는 순간 뇌의 보상 체계가 활성화된다.

우리의 뇌는 '행복 호르몬'이라 부르는 여러 호르몬을 분비하고, 이 호르몬들은 성취감과 자부심을 느끼게 한다. 그중 하나인 도파민은 달콤한 보상의 감정을 줄 뿐 아니라, 처음 이 감정을 일으킨 행동을 계속 반복하도록 자극한다. 나는 놀랍게도 도박, 담배, 술에 중독을 일으키는 도파민이, 사람들이 '발전에 중독'되도록 만드는 힘이 있다는 사실을 알았다. 한때 도시의 뒷골목을 전전하던 경험 덕분에 나는 '발전에 대한 중독'이라는 개념을 누구보다 쉽게 이해할 수 있었다.

작은 실수들은 거의 언제나
우리를 기분 나쁘게 만든다.
마찬가지로 작은 목표를 달성했을 때
우리는 이 일을 당연히 축하하고
좋은 기분을 만끽해야 한다.

하나를 주면
10배의 행운으로 돌려받는다

우리는 대부분 주는 것이 받는 것으로 이어진다는 사실을 알고 있다. 존 그레이, 잭 캔필드, 토니 로빈스 같은 성공 전문가들은 '끌어당김의 법칙'이 자기가 가진 걸 남에게 나누어주는 데도 적용된다고 가르친다. 즉 하나를 주면 나중에 10배로 돌려받는다는 것이다. 어떤 것을 세상에 보내면 세상은 나중에 10배로 되돌려준다는 이 법칙을 나 역시 믿는다. 그런데 많은 사람이 이와 정반대로 행동한다. 사실 내가 가진 것을 남에게 주는 나눔의 행동은 정신적인 의무나 책임감을 느끼고 돈이 필요한 사람에게 기부하는 것처럼 아주 단순하다. 한편 나는 이 나눔 행동이 '진동하는 나눔 vibrational giving'이라는 형태로 이루어져야 한다고 믿는다. 여기에는 어떤 차이가 있을까?

사람들은 보통 '십일조'라는 방식으로 나눔을 하곤 한다. 이는 나눔의 전통적인 방식이다. 대부분의 종교는 수입의 10퍼센트를 신에게 바치라고 가르친다. 이 방식은 몇백 년 동안 잘 통해왔다. 조 비테일 역시 수입의 10퍼센트를 자신에게 정신적 영양을 제공하는 곳에 내라고 말한다. 그 대상이 택시 기사일 수도 있고, 식당 종업원일 수도 있고, 길거리에서 우연히 만나 나에게 용기와 희망의 말을 전해주는 사람일 수도 있다. 물론 사람이 아니라 기관이나 조직일 수도 있다. 다른 사람들에게 자기가 가진 것을 나누어주기만 하면 된다.

또 다른 나눔은 '책임이나 의무를 기반으로 한 나눔'이다. 우리는 일종의 책임감이나 의무감을 느끼면서, 토이즈 포 토츠 Toys for Tots (미 해병대가 운영하는 자선 프로그램으로 크리스마스 시즌에 불우 아동에게 장난감을 기부한다-옮긴이), 걸스카우트, 적십자 등과 같은 자선 단체나 운동 단체, 영향력을 행사하는 조직 등에 돈이나 시간을 기부한다. 사람들은 자기가 찬성하는 어떤 대의가 있다면 마땅히 지지하고 지원해야 한다고 느낀다. 그렇지만 이것 역시 내가 믿는 나눔의 실천 방식은 아니다.

35살이 되기 전에 나를 억만장자로 만들어준 특별한 나눔의 방식이 바로 '진동하는 나눔'이다. 나는 가진 것을 남에게 나누어줄 때 내가 느끼는 감정에 초점을 맞춘다. 나눔을 통해 얻는 감정은 다른 일반적인 감정보다 훨씬 더 강하다. 만약 어떤 행동을 하면서 매우 오래전, 생일을 맞아 태국에 있는 보육원을 방문했다. 그 보육원에는 어린이 에이즈 환자가 많았다. 그 보육원은 정부 지원을 전혀 받지 못했고 운영에 어려움을 겪었다. 장난감을 잔뜩 선물로 사 갔지만, 그것 말고 다른 방식으로도 돕고 싶었다. 그래서 보육원 건물과 방을 깔끔하게 새로 칠해주기로 했다. 돈은 한 푼도 받지 않았고 그저 돕는다는 사실 자체만으로 커다란 기쁨을 느꼈다.

나는 언제나 100만 달러를 가지는 상상을 했지만, 그때는 그런 일이 나에게 어떻게 일어날지 전혀 알지 못했다. 보육원에 갔을 때 '지금 돈을 쓰면 나중에 100만 달러가 되어서 돌아오겠지?'라고 생각한 것도 아니다. 그저 아이들을 도우면 내 기분도 좋아질 거라고만 생각했다.

사람들을 고용해 보육원 건물을 일부 수리하고 도색을 새로 하는 데 약 8만 달러를 썼다. 당시 내 월수입의 4분의 1 정도의 금액이었지만, 그 돈을 쓰는 게 전혀 마음에 걸리거나 아깝지 않았다. 그저 기분이 좋기만 했다. 계산에 따른 행동이 아니었다. 돌려받을 생각을 하면서 준 게 아니었다. 그저 기분 좋다고 느끼는 어떤 일을 했을 뿐이고, 나중에 어떤 좋은 일이 일어나기를 막연하게 기대했다. 그렇지만 그 기대 속에서 돈은 중심이 아니었다. 그저 내가 한 일이 긍정적인 결과를 낳았으면 좋겠다는 감정을 확인하고 인정하고 싶었을 뿐이다.

그런데 몇 주 뒤, 좋은 거래 하나가 성사되었다. 나에게 떨어지는 수수료만 해도 100만 달러가 넘는 거래였다. 정확하게 말하면 108만 달러쯤 되었다. 그러니까 보육원에 기부한 8만 달러를 고스란히 돌려받았을 뿐만 아니라 추가로 100만 달러까지 받은 셈이었다.

보육원을 도울 때 느낀 '기분 좋음'이라는 감정은 몇 배로 불어나 '엄청나게 기분 좋음'으로 돌아왔다. 나는 그 수표를 복사해서 액자에 넣어두고 지금도 날마다 바라본다. 과연 우연일까? 이런 일이 나에게 딱 한 번만 일어났다면 우연이라고 여겼을 것이다. 그러나 진동하는 나눔의 결과로 이런 일은 여러 차례 일어났고, 그 효과를 수없이 확인했다. 그러니 당신에게도 분명 효과가 있을 것이다. 테레사 수녀는 이 원리를 다음과 같이 정확하게 표현했다.

"우리가 얼마나 많은 것을 하느냐가 아니라 그 일에 얼마나 많은 사랑을 담느냐가 중요하다. 또 우리가 얼마나 많은 것을 베푸느냐가 아니라 그 행위에 얼마나 많은 사랑을 주느냐가 중요하다."

받고 싶은 것이 무엇이든 먼저 주어라

진동하는 나눔의 마음가짐을 적용하면서부터, 나는 성공을 차곡차곡 쌓아 부자가 되기 시작했다. 여전히 길거리에서 구걸하는 사람을 보면 지갑을 꺼내 가지고 있는 돈 중 가장 고액권을 꺼낸다. 돈을 받은 사람의 미소 띤 얼굴은 나에게 커다란 기쁨을 준다. 나는 다른 사람이 내게 기대하는 것보다 더 많은 걸 주려고 한다. 받는 사람이 어디에 쓸지는 아무런 상관없다. 도움이 필요한 사람에게 돈을 주면서 받는 이가 그 돈을 내가 생각하는 특정한 방식으로 사용하길 바란다면, 진동하는 나눔을 실천하는 게 아니다. 도움이 필요한 사람이 내 도움을 받을 때 느끼게 될 기쁨과 행복에 집중하는 것이야말로 진동하는 나눔을 실천하는 행동이다.

끌어당김의 법칙이 어떤 사람에게는 작동하고 어떤 사람에게는 작동하지 않는 이유가 바로 여기에 있다. 나눔을 실천하는 행동 뒤에 놓인 어떤 감정을 인식하느냐 하지 않느냐의 문제다. 만일 당신이 추구하는 것이 돈이라면, 당신이 돕고자 하는 사람이 무엇보다 먼저 돈을 벌 수 있게 도움을 줘야 한다. 당신이 바라는 것이 행복이라면, 상대방이 행복해질 수 있도록 도움을 줘야 한다. 바라는 것이 원만한 인간관계라면, 상대방이 하는 말을 경청하고 그를 진심으로 위해주어야 한다. 이렇게 하면 절대로 실패하지 않는다. 그리고 당신이 나누어준 것을 돌려받는 순간들에 대한 온갖 신호와 예감을 읽는 법을 배워야 한다. 진동하는 나눔의 법칙은 부를 끌어당기고 무제한의 기회를 열어주는 핵심 원칙이다.

불교의 중심적인 실천 원리 가운데 하나가 바로 내가 가진 것을 남에게 줄 때 긍정적인 감정을 담는 데 초점을 맞추라는 것이다. 부처는 선물 자체보다 선물에 담긴 의도와 마음가짐이 훨씬 중요하다고 가르친다. 업보가 가져다주는 이득은 순수한 나눔이 있을 때 증폭된다. 순수한 선물은 적절한 시간에, 적절한 사람에게, 적절한 환경에서 제공되며, 또한 정직한 수단으로 번 것이다. 순수한 의도를 담은 나눔은 연민을 담아 배려하는 나눔이며 상대방에게 부정적인 영향을 주지 않는 나눔이다.

이처럼 거대한 긍정적인 순환의 한 부분이 되는 것은 자기 자신이나 다른 사람들을 위해서 우리가 할 수 있는 가장 좋은 일이다. 많은 연구 결과에 따르면, 이타적인 목적을 가지면 정신적·육체적인 건강과 수명, 심지어 유전자에도 유리하게 작용한다고 한다.

UCLA의 연구자들은 에우다이모니아Eudaimonia적 행복과 헤도니아Hedonia적 행복을 나란히 놓고 살펴보았다. 에우다이모니아는 보통 '참된 행복'이나 '번영'으로 해석되곤 하는데, 여기서는 '인간적인 완성'이 좀 더 정확한 표현이다. 에우다이모니아적 행복은 개인의 자아실현에 초점을 맞추고 어떤 사람이 온전하게 기능하는 수준을 기준으로 삼아서 번영을 규정한다. 이와 달리 헤도니아적 행복은 자기만족과 쾌락, 고통 회피로 정의된다. 쇼핑하며 돈을 펑펑 쓸 때 느끼는 종류의 행복이라고 생각하면 된다.

UCLA의 연구자들은 이 행복 유형 2가지를 유전자적인 변화와 연결해서 분석했다. 그 결과, 에우다이모니아적 행복은 염증 수치가 낮은 유전자, 그리고 항체 및 항바이러스 수준이 상대적으로 높은 유전자와 관련이 있음을 발견했다. 헤도니아적 행복은 반대였다. 내과 의사이자 자원봉사·복지 분야의 전문가인 앨런 룩스는 도취에 가까운 행복감을 '봉사자의 희열'이라고 정의했다. 또 많은 연구자가 이타주의적인 행동을 생각하는 것만으로도 희열이 발생한다는 사실을 확인했다. 하버드대학교 심장병 전문의인 허버트 벤슨은 "다른 사람을 돕는 것은 우리 몸에 자연적으로 자리 잡은 신체적 감각을 경험하는 영역으로 들어가는 문이다"라고 말한다. 이처럼 봉사자의 희열은 다른 사람에게 선행을 베풀 때 나타난다. 즉 이 희열은 남을 돕는 사람을 위해서 자연이 마련한 보상 제도인 셈이다. 나는 오랜 세월 건강하지 못한 방식으로 '희열'을 추구하다가 이 멋진 개념을 만나 곧바로 여기에 매료되었다.

돈을 쓸 때는 선의를 담아라

2007년, 오리건대학교 연구진은 기부를 자발적으로 할 때와 억지로 할 때 나타나는 뇌 활성화 정도의 차이를 살펴보았다. 연구자들은 피실험자들에게 100달러를 주고 각자 얼마를 가졌는지, 얼마를 기부하는지 다른 사람들은 아무도 모른다고 말했다. 심지어 피실험자들의 뇌 사진을 찍는 연구자들조차 이 내용을 알지 못했다. 피실험자들이 각자 어떤 선택을 하는지는 휴대용 메모리에 기록되었고, 피실험자들이 선택한 기부는 자선 단체로 전해졌다. 물론 자선 단체에서는 누가 기부했는지 알지 못했다.

그다음 자기 공명 영상 장치[MRI]로 피실험자들의 뇌 반응을 측정했다. 때로 피실험자들은 가진 돈 중 일부를 지역 푸드뱅크에 기부해 달라는 요청을 받았고, 때로는 동의 없이 세금처럼 일부 금액이 푸드뱅크로 인출되기도 했다. 또한 피실험자들에게 추가로 돈이 지급되거나, 기부하지 않았음에도 푸드뱅크가 돈을 받는 경우도 있었다.

그 결과 자발적으로 푸드뱅크에 기부한 사람들은 '온정 효과'를 경험했다. 흥미롭게도 이들에겐 행복감을 유발하는 화학 물질인 도파민을 분비하는 뇌 부위, 즉 미상핵[caudate], 중격의지핵[nucleus accumbens], 뇌섬엽[insula]이 활성화되었다. 이는 맛있는 음식을 먹거나 돈을 받을 때 반응하는 부위들이다. 사람의 신체가 남에게 무언가를 주면 기분이 좋아지도록 만들어져 있다는 사실이 그저 놀랍고 경이로울 뿐이다.

나눔은 어렵지 않다. 자기를 사랑하고, 그만큼 남에게 사랑을 주기만 하면 된다. 당신이 원하는 게 돈이라도 마찬가지다. 다른 사람이 돈을 벌도록 도와주면 돈이 당신을 찾아오기 시작한다. 즉 더 많이 도울수록 더 많은 돈이 돌아온다. 진동하는 나눔의 법칙이 돈을 끌어당기는 가장 본질적인 원칙으로 꼽히며, 명상만큼이나 필수적인 이유도 바로 여기에 있다. 당신이 남에게 무엇을 주든, 그것이 크든 작든, 영감을 받은 대로 행동하고 당신이 올바르다고 느끼는 것을 주어라. 돌려받을 것을 기대하면서 베풀지 말라. 그저 좋은 감정을 가지고 자기가 가진 것을 남과 나누어라. 당신의 모든 생각과 행동을 사랑이라는 감정이 지배하도록 하라. 사랑은 이 세상에서 가장 믿을 수 있는 강력한 감정이다. 자기 자신을 사랑하는 방법을 먼저 배우는 것은 인생의 의미를 찾는 것과 마찬가지로 중요하다. 사랑 자체를 인생의 목적으로 두어라. 사랑은 기쁨과 행복으로 가득 찬 나날들을 가져다준다.

이제 우리는 가진 것을 많이 나눌수록 더 많은 것을 얻게 된다는 사실을 알았다. 그런데 만약 가진 것을 더 많이 소비하면 어떻게 될까? 내가 돈을 쓰는 원리를 이해하게 된 방식은 '에너지'와 관련이 있다. 모든 것은 에너지의 한 형태이며, 에너지는 언제든 외부의 영향으로 변형될 수 있다. 특히 돈의 에너지는 우리가 돈을 쓸 때 어떤 감정을 품는가에 따라 달라진다. 우리는 돈을 남에게 줄 때 그것이 언젠가 10배로 돌아온다는 사실을 안다. 이와 같은 원리가 소비에도 적용된다. 돈을 쓸 때 긍정적인 진동, 긍정적인 태도, 그리고 선의善意를 담을수록 그 돈은 배로 불어나 우리에게 돌아온다. 하지만 돈을 쓰면서 이런 걱정을 한다고 생각해보자.

"돈을 너무 많이 쓰는 거 아닐까? 사지 말았어야 했던 건 아닐까? 괜히 산 건가? 이렇게 하는 게 맞는 걸까? (그리고 무엇보다) 이 돈을 나중에 돌려받을 수 있을까?"

이런 걱정 속에서 돈을 쓰면 우리는 우주에 잘못된 진동을 보내게 된다. 그 순간 느끼는 감정은 행복, 평화, 감사가 아닌 걱정과 두려움이다. 걱정하는 마음으로 돈을 쓰면 무언가를 받을 기회, 다시 말해 축복을 받을 기회를 스스로 놓쳐버린다. 잘못된 의도나 목적을 가진 기부가 유익한 대가로 돌아오지 않는 것도 같은 이치다. 그러므로 돈을 남에게 주거나 소비할 때는 올바른 의도에만 집중하라. 그리고 그 보답이 무엇이 될지는 우주가 알아서 결정하도록 맡겨라.

만약 당신이 회사를 운영하는 사람이라면 특히 주목할 만한 한 가지 사실이 더 있다. 컨설팅 업체인 그레이트 플레이스 투 워크Great Place to Work는 기업 몇백 개와 직원 38만 명을 대상으로 2018년 '최고의 나눔 기업' 목록을 만들었다. 분석 결과, 직장 내 복지를 잘 지원하는 기업일수록 직원의 근속률이 높고 열정도 높다는 사실이 드러났다. 또한 나눔을 실천하는 회사의 직원들은 자기 업무에 대한 기대감이 그렇지 않은 회사의 직원들보다 13배 이상 높았다. 설령 당신이 진동하는 나눔의 법칙을 지금까지 진심으로 믿지 않고, 그것이 가져다주는 보상을 받은 적이 한 번도 없다 하더라도, 당신의 회사에는 나눔의 문화를 불어넣는 것이 좋다. 이 방식의 유효성은 이미 입증되었기 때문이다. 내가 가진 것을 남에게 무료로 제공하는 것 자체가 좋은 사업이다.

언제나 다른 사람에게 무언가를 나누어줄 구실을, 다른 사람을 강하게 만들어줄 요소를 찾아라. 이에 대한 대가로 당신은 시도하는 모든 것에서 성공할 것이다. 자기가 하는 모든 행위와 모든 거래에서 공정해야 한다. 그러면 당신이 바라는 성공과 행복이 실현될 것이다.

내가 가진 것을 남에게 주는 행위가
어떤 힘을 가지는지 나는 안다.
내가 아는 이것을 만일 당신도 안다면,
당신은 한 끼의 식사도
어떤 식으로든 남에게 나누지 않고
그냥 혼자 먹어 치우려 하지 않을 것이다.

거대한 발상이
거대한 부를 끌어당긴다

　내가 노숙자에서 억만장자가 될 수 있었던 것은 목표 설정과 명상 덕분일까? 아니다. 만일 그렇다면 이 세상은 억만장자들로 가득 차 있을 것이다. 거대한 성공은 비범한 규율, 단호한 실행력, 그리고 크게 생각하는 힘에서 비롯된다. 거대한 성공을 이루려면 거대한 발상을 품고 그것을 끝까지 실행해야 한다. 이런저런 개념들을 한층 크게 생각하고 행동으로 옮기는 것은 천성적으로 타고나는 기술이 아니다. 이는 훈련을 통해서 얼마든지 체득할 수 있다.
　당신이 가진 발상을 점점 더 크게 키우는 열쇠 가운데 하나는, 자신이 소망하는 발상(아이디어)을 구체적인 것으로 만들어낼 때 될 수 있으면 많은 성공 원리들을 포함시키는 것이다. 당신이 영감을 받아서 어떤 발상을 떠올릴 때 당신의 잠재의식은 당신이 하는 생각에 영양을 공급한다. 그러므로 잠재의식이 그 발상에 영양 공급을 중단하기 전에 즉시 행동으로 옮겨야 한다.

'거대한 발상'을 떠올렸다면 두 번째로 집중해야 할 것은, 그 발상을 어떻게 하면 더 의미 있고 강력한 영향력을 가지도록 만들 수 있을지 고민하는 것이다. 당신이 하려는 방식에 초점을 맞추지 마라. 실행에 드는 비용이나 맞닥뜨릴 비판에도 집중하지 마라. 무조건 반대만 하는 사람들에게 휘둘릴 여지도 주지 마라. 대신, 그 개념을 가장 거대한 차원에서 바라보라. 그것을 설명할 때 다른 사람들이 놀라 경탄할 만큼 대담하고 거대하게 설정하라.

2006년에 신발, 안경, 커피, 의류, 핸드백 등을 디자인하고 판매하는 회사인 탐스TOMS를 설립한 블레이크 마이코스키가 보다 더 대범하게 생각한 과정을 자세하게 나누어보면 다음과 같다.

- ◆ 아르헨티나에 휴가를 갔던 마이코스키는 그곳의 폴로 선수들이 알빠르가따를 신은 것을 보았다. 알빠르가따는 아르헨티나의 전통 신발로 계절에 상관없이 편하게 신는 일종의 샌들과도 같은 것이었다. 그래서 마이코스키는 자신도 이 신발을 신기 시작했다(그리고 이 신발은 나중에 탐스의 신발 사업부 시제품이 되었다).
- ◆ 마이코스키는 부에노스아이레스 외곽에서 자원봉사 활동을 할 때 어린이들이 신발도 없이 맨발로 거리를 달리는 것을 보았다.

- 마이코스키는 다른 사람들이 신발을 신지 못할 때 자신은 신발을 살 경제적인 여유가 있음을 감사히 여겼다. 또한 어린이가 맨발로 다니는 이 안타까운 문제를 해결하겠다는 생각을 가슴에 뜨겁게 품었다. 감사하는 마음과 사랑하는 마음이 강력하게 결합한 것이다.
- 영감을 받은 그의 발상은 알빠르가따와 같은 종류의 신발을 개발해서 북미 시장에 내놓고 이 신발이 판매되는 수량만큼 아르헨티나를 비롯한 개발도상국의 어린이에게 무료로 나누어주겠다는 것이다.
- 마이코스키는 빌 게이츠에게 조언을 구했고, 게이츠는 아르헨티나의 신발 부족이 어린이 질병의 주요 원인임을 알려주며 그를 격려했다.
- 마이코스키는 자신의 발상을 곧바로 실행에 옮겨 온라인 운전자 교육 업체를 50만 달러에 매각하고, 그 돈으로 신발 제조업체를 창업했다. 그는 처음에 아르헨티나의 한 제조업체에 250켤레를 주문했고, 판매는 2006년 5월 공식적으로 시작되었다. 신발 사업에 전혀 경험이 없었기에 이 시도는 큰 위험을 안고 있었지만, 그는 과감히 위험을 감수했다.
- 회사의 이름은 '내일^{Tomorrow}'에서 출발해 '내일을 위한 신발$^{Shoes\ for\ Tomorrow}$'로 발전했고, 그렇게 '탐스^{TOMS}'가 탄생했다. 마이코스키는 사랑과 감사라는 긍정적인 감정을 바탕으로 회사를 세웠으며, 이를 통해 의미 있는 변화가 일어나길 바랐다.
- 〈로스앤젤레스 타임스〉에 이 회사를 소개하는 기사가 게재된 뒤 주문이 폭주했다. 주문량이 재고량의 9배나 될 정도로 밀려들었으며, 1년 만에 1만 켤레의 신발이 팔려나갔다. 1차분 1만 켤레의 공짜 신발은 2006년 10월에 아르헨티나 어린이들에게 전달되었다.

- 첫해에 큰 성공을 거둔 마이코스키는 발상을 한층 더 확장했다. 2007년, 탐스는 '신발 없는 하루 One Day Without Shoes' 캠페인을 시작했는데, 이는 단 하루라도 맨발로 다니는 경험을 통해 신발이 어린이의 삶에 미치는 영향을 깨닫게 하고 경각심을 일깨우기 위한 것이었다. 이 캠페인에는 AOL, 플리커, 디스커버리 채널 등 여러 기업이 후원했다.
- 2012년까지 탐스는 200만 켤레가 넘는 신발을 전 세계 개발도상국 어린이들에게 제공했다.
- 2014년 6월, 마이코스키는 회사가 더 빠르게 성장하고 장기적인 목표를 달성할 수 있도록 자기 지분 일부를 매각하기로 결정했다. 이 지분은 베인캐피탈이 인수했다.
- 지분 매각으로 추산된 마이코스키의 재산은 3억 달러였다. 그는 탐스의 전체 지분 가운데 절반을 보유하고 있으며 '최고신발기부책임자 Chief Shoe Giver'라는 직함을 가지고 있다.
- 마이코스키는 매출에서 나오는 수익의 절반을 사회적 나눔 정신에 기반한 기업가 정신을 지원하는 새로운 펀드 조성에 사용할 것이라고 밝혔다. 베인캐피탈 또한 그의 투자에 적극 동참하며 '신발 한 켤레 판매 시 한 켤레 기부' 정책을 앞으로도 계속 이어가겠다고 약속했다.

이 사례에서 중요하게 봐야 할 점은, 마이코스키의 머리에 번뜩이는 대담한 발상이 떠오르고 나서 겨우 6년 만에 탐스는 시가총액 6억 달러 기업으로 성장했다는 사실이다. 그리고 제품 하나를 판매하면 하나를 사회에 기부하는 탐스의 정책은 지금도 많은 기업이 채택하는 충격 모델Impact model로 자리 잡았다. 마이코스키의 발상은 다음 3가지 이유로 크게 성공했다.

1. 그는 멘토(빌 게이츠)를 활용해서 자기 발상에 날개를 달았고 그 발상을 한층 더 의미 있게 만들었다.
2. 그는 곧바로 행동으로 옮겨 최초의 제품 물량인 250켤레를 만들기 위해서 50만 달러를 투자했다.
3. 그는 자선과 투자라는 두 측면에서 자기 생각을 점점 더 크게 확장함으로써 자기 발상에 살을 붙이며 성장을 밀어올렸다.

신발 자체는 대담한 발상이 아니다. 그는 기존 아르헨티나 전통 신발을 모방해 북미 시장에 도입했다. 진정한 대담함은 사업의 성공을 통해 맨발로 다녀야 하는 어린이들의 문제를 해결하겠다는 그의 발상에 있었다.

그 발상은 계속해서 점점 더 커졌다. 탐스가 신발 한 켤레를 팔 때 새 신발 한 켤레가 가난한 아이에게 돌아간다. 탐스가 안경을 하나 팔 때 여기에서 나오는 수익의 일부는 개발도상국 사람들의 시력을 보호하거나 회복하는 데 사용된다. 탐스는 2014년에 탐스 로스팅TOMS Roasting Co.을 창업했는데 이 회사는 커피를 팔아서 발생하는 수익 가운데 일부를 떼어 깨끗한 물이 필요한 사람에게 깨끗한 물 140리터(이것은 한 가구가 한 주 동안 사용하는 식수에 해당된다)를 제공하는 데 사용한다. 이 활동에도 전문 NGO 단체들로 구성된 기빙 파트너^{Giving Partners}가 함께한다. 2015년에는 탐스 백 콜렉션^{Toms Bag Collection}이 창업되어 산모의 건강 증진 운동에 자금을 지원했다. 이 회사에서 발생하는 수익 가운데 일부분은 숙련된 산파를 훈련시키거나 산모의 안전한 출산에 도움을 주는 여러 가지 출산 도구들을 나누어주는 데 사용된다. 고객이 가방 한 개를 구매할 때마다 도움이 필요한 산모와 태아의 안전한 출산을 돕는 구조이다.

당신은 블레이크 마이코스키가 창업한 환상적인 그 회사가 영감이 번뜩인 단 하나의 발상에서 비롯된 결과라고 생각하는가? 그렇지 않다. 애초에 그가 가졌던 계획은 수익을 사회에 환원하는 신발 회사였다. 그런데 이 회사는 그의 열정적인 임무들 가운데 하나를 충족시켰다. 그는 단순한 발상으로 시작했지만, 이 책에서 다룬 다양한 성공 원리들을 적용했다. 나는 탐스와 이 회사가 일군 것들을 존경한다. 생각을 크게 하면 거대한 성공이 뒤따른다는 사실을 보여주는, 거대한 성공을 거둘 때 주변 사람들의 삶을 어떻게 개선할 수 있는지를 보여주는 완벽한 사례다.

작은 영감으로부터 시작하라

당신은 생각을 크고 대담하게 하는 훈련을 함으로써 사업과 인생에서 무제한의 기회를 만들어낼 수 있다. 맨 처음 떠오른 발상은 사소할 수 있지만, 그 생각을 점점 키워가면 거대한 성공이 따라온다.

나는 부동산 사업을 할 때 어떻게 하면 고객의 경험을 개선할 수 있을까 하고 생각하다가 커피숍 시장에서 또 다른 사업을 일궜다. 부동산 산업에서 고객이 개발업자를 만나러 오면 개발업자는 고객에게 커피와 가벼운 다과를 제공한다. 우리는 우리를 찾아온 고객이 우리가 하는 설명에 집중하길 바라지 배고프다거나 목마르다거나 하는 딴생각 때문에 주의가 분산되길 바라지 않는다.

어느 날, 우리의 경쟁 업체들은 손님이 찾아오면 그저 그런 테이크아웃 커피나 아무 편의점에서 쉽게 구매할 수 있는 인스턴트 커피를 내놓는다는 사실을 알았다. 바로 이 관찰이 내 영감을 자극했고, 곧 괜찮은 아이디어가 떠올랐다.

나는 곧바로 우리 사무실이 입주한 건물 안에 고객이 언제나 신선하고 맛있는 커피와 다과를 즐길 수 있는 멋진 커피숍이 있다면 고객이 얼마나 기분 좋은 경험을 할지, 또 그런 고객을 바라보는 우리가 얼마나 만족할지를 상상했다. 좋은 발상은 즉시 행동으로 옮겼다. 우리는 사무실 공간의 한 부분을 나누어 커피숍을 열었고, 독자적인 브랜드를 내걸었다. 원두는 품질과 맛이 뛰어나기로 유명한 태국의 한 커피 농장에서 직접 들여왔다. 우리 부동산 상담 고객은 자연스럽게 그곳에서 커피를 마시게 되었고, 얼마 지나지 않아 고객들은 커피와 페이스트리, 스낵을 즐기기 위해 다시 찾아오기 시작했다. 커피숍은 훌륭한 서비스와 뛰어난 맛 덕분에 높은 평점을 얻었고, 항상 손님들로 붐볐다. 처음에는 작던 이 커피숍은 이제 3개의 지점을 운영하며 성공의 규모를 키워가고 있다.

부동산 회사 건물에 커피숍을 내겠다는 대담한 발상은 부동산 관련 상담을 하러 온 우리 고객에게 특별한 감정을 선물했다. 그러나 그 발상은 점점 더 커져서 독자적인 프랜차이즈 사업으로 성장했다. 나는 딱 하나의 매장에 만족할 수도 있었지만, 어떻게 하면 한층 더 낫게 만들 수 있을까 하는 생각을 계속 이어갔다.

처음 그 커피숍의 이름은 그린 마운틴Green Mountain이었다. 우리 커피숍에 원두를 제공하는 태국의 녹지대를 가리키는 이름이었다. 하지만 나는 이름을 바꾸기로 마음먹었다. 생각해보니 좋은 이름이란, 내가 사람들에게 경험하게 하고 싶은 느낌을 불러일으켜야 한다는 결론에 이르렀기 때문이다. 그래서 나는 그 커피숍의 이름을 '페이머스Famous(유명한)'로 정했다. 페이머스는 사람들이 기억하기 쉬운 예쁘고 깔끔한 단어인 데다 고객들이 이 이름을 부르면서 즐거워할 것 같다고 생각했기 때문이다. 우리 카페를 찾는 고객들은 "페이머스에서 보자"라거나 "지금 페이머스에 있어"라고 말할 텐데, 이때 어쩐지 사회적인 명사들을 만날 수 있을 것 같은 장소로 인식될 것이 아닌가. 그저 커피 한 잔 마시러 갈 뿐이지만, 페이머스라는 이름 덕분에 유명 인사가 된 듯 기분이 좋아질 것이다.

바라는 것을 현실로 이루는 건 당신이다

일단 발상이 떠오른 뒤에는, 신속하게 실천해야 한다.

2011년의 어느 날, 한 파티장에서 남자 둘이 면도날을 사는 데 돈이 터무니없이 많이 들어간다는 사실을 놓고 한참 동안 열변을 토했다. 그러다가 어느 순간 두 사람은 영감을 얻어서 마침내 달러 쉐이브 클럽Dollar Shave Club이라는 아이디어를 냈다. 창업자 마크 레빈과 마이클 더빈이 그토록 대단한 성공을 거둔 비결은 머릿속에 떠오른 발상을 신속하게 실천한 데 있다. 두 사람은 자신들이 가지고 있던 돈과 스타트업 인큐베이터 사이언스Start-up Incubator Science Inc.가 투자한 돈으로 2011년 1월에 사업을 시작했으며, 90일 뒤에는 웹사이트를 대중에 공개했다.

이 회사의 회원제 서비스는 2012년 3월 유튜브 동영상을 통해서 처음 시작되었는데, 동영상이 입소문을 타서 회사의 서버가 1시간 동안 먹통이 되기도 했다. 더빈은 친구들과 도급업자들을 모아서 팀을 구성하고, 동영상을 올린 뒤 첫 48시간 동안에 밀려든 주문 12,000건을 처리했다. 막 창업한 회사라 온갖 문제들이 불쑥불쑥 튀어나왔지만 창업자들은 명확한 전망을 가지고 있었으며, 자기들의 발상이 현실에서 실현되도록 재빠르게 행동했다. 이 회사는 지금까지 회원 320만 명을 확보했다. 작은 아이디어가 거대한 성공으로 이어진 것이다.

하지만 떠오른 아이디어를 바로 실천한다는 게 쉬운 일은 아니다. 특히 새로운 아이디어를 상품으로 만들어 시장에 내놓으려고 시도하다 보면, 그 과정이 너무 힘들다고 느끼게 된다. 힘들면 포기하고 싶은 마음이 생긴다. 또 거대한 발상일수록 실행하기 어렵다고 생각할 수도 있다. 그래서 나는 늘 발상을 실현할 가장 쉬운 방법부터 찾는다. 나는 무엇이든 내 방식대로 하고 싶어 하는 천성을 가지고 태어났는데, 이런 상황이 닥칠수록 어떻게든 가장 쉬운 방법을 찾아보려고 노력한다.

고등학교를 자퇴하기 전인 14살 무렵 겨울방학 때, 초콜릿 쿠키 판매 아르바이트를 했다. 집집마다 찾아다니며 '초클라볼'이라는 스웨덴식 초콜릿 쿠키를 팔았다. 문을 두드리는 집마다 모두 쿠키를 사게 만들겠다는 거창한 계획을 세웠다. 그러나 추운 겨울에 방문 판매를 한다는 것은 여간 힘든 일이 아니었다. 쿠키 한 상자 가격이 30달러 정도였는데, 아무리 돌아다니면서 문을 두드려도 안 산다는 대답만 돌아왔다.

그래서 쿠키를 상자째 팔지 않고 낱개로 팔면 어떨까 생각했다. 한꺼번에 한 상자씩 파는 것보다 그게 더 쉽겠다고 생각한 것이다. 게다가 일을 맡긴 사장도 낱개로 팔지 말라는 말은 하지 않았다. 그래서 현관문을 연 사람에게 이렇게 말했다.

"초클라볼 한 상자를 가지고 있습니다. 50센트에 하나씩 골라 사실 수 있습니다."

그렇게 파는 게 훨씬 쉬웠다. 사람들은 한두 개씩은 기꺼이 샀다. 심지어 낱개로 사는 것보다 상자째 사는 편이 싸다는 점을 언급하자, 쿠키를 상자째 사는 사람들도 있었다. 그렇게 해서 쿠키는 날개 돋친 듯이 팔렸다. 이 방법 덕분에 나는 판매원 12명 중에서 쿠키를 가장 많이 팔았다.

어떤 문제든 해결책이 있으며, 어려운 과제는 사람을 더 강하게 성장시키고 미래에 일을 한층 쉽게 해결하도록 돕는다는 교훈을 남긴다. 나 역시 쿠키 한 상자도 팔지 못했을 때 포기할 수도 있었지만, 결국 해결책이 될 아이디어를 찾아냈다. 사람은 어릴 때 창의성이 더 예리하게 빛난다. 현실이라는 틀에 덜 물들어 있기 때문에 어린 시절의 창의성은 더 높고 자유롭다.

어떤 아이디어든 머리에서 번쩍이면, 그 내용을 잊어버리기 전에 반드시 적어두어라. 심지어 밤에 꿈을 꾸다가 좋은 아이디어를 떠올렸을 때도 쉽게 메모할 수 있도록 침대 옆 협탁에 볼펜과 종이를 함께 두도록 하라. 아이디어를 써놓은 다음에는, 그 아이디어가 빛을 보게 하려면 당장 어떤 행동을 해야 할지 목록으로 적어라. 그 행동은 당신에게 도움을 주거나 정보를 줄 누군가에게 지금 당장 전화를 거는 것일 수도 있다. 또 어떤 행동들이 필요한지 파악하려면 조사를 좀 해야 할지도 모른다. 어떤 방법이든 아이디어가 빛을 보려면 무엇을 해야 할지 그 해답을 찾아보자. 그것은 당신을 기다리고 있는 기회, 즉 당신을 성공으로 이끌어줄 가능성을 발견하는 과정의 한 부분이다.

나 역시 바닷가 노숙자 신세를 벗어나 부동산 사업으로 성공을 거둔 뒤, 피트니스 클럽을 열어볼까 하는 고민에 빠졌다. 이는 거대한 발상이었다. 사업 영역이 매우 넓었을 뿐만 아니라 전혀 경험이 없는 분야였기 때문이다. 엄청난 위험을 감수해야 했지만, 그저 해보고 싶다는 꿈 하나로 시작한 이 거대한 발상은 결국 성공적인 사업으로 성장했다. 물론 내 거대한 발상들이 모두 성공하지는 않았다.

처음 부동산 사무소를 열었다가 파산한 뒤에, 돈을 빌려서 푸껫 피싱 파크Phuket Fishing Park라는 작은 호수 공원을 샀다. 여러 나라에서 민물고기를 수입해서 호수에 넣고, 낚시꾼이 사용할 오두막도 만들고, 낚시 도구들도 장만했다. 사람들이 몸만 와서 아무런 근심 걱정 없이 느긋하게 낚시를 즐길 수 있도록 설계했다. 나는 내가 만든 낚시 공원이 크게 성공하리라고 확신했다. 그런데 현실은 달랐다. 시설 유지 및 보수, 계속되는 물고기의 죽음, 수목 관리, 말썽을 일으키는 직원 등 해야 할 일은 예상보다 훨씬 많았다. 이 아이디어는 결국 빠르게 망해버렸다.

한번은 호주의 연금 펀드 회사가 해외 투자를 함께하자고 제안한 적이 있다. 나는 그 제안에 솔깃했다. 좋은 일도 하고 내가 하는 사업들을 다각화하고 확장하기에 멋진 기회라고 느껴졌다. 호주의 고객들이 자기 연금을 이용해서 해외에 투자하도록 돕는 것이 내

일이었다. 그런데 알고 보니 사업 운영권을 가지고 있는 호주의 브로커가 술주정뱅이에다가 전혀 신뢰할 수 없는 사람이었다. 이미 마케팅 활동과 웹사이트 구축에 상당한 돈을 투자한 뒤였지만, 어쩔 수 없이 동업 관계를 포기해야만 했다. 나를 믿어준 다른 이들을 위해 큰 손해를 보고 기꺼이 위험을 감수했다. 리스크가 컸지만 옳은 선택이라고 믿었다. 지금 돌이켜보면 그만하길 정말 다행이다 싶다.

내 머릿속에는 늘 거대한 발상들이 들어차 있다. 나는 언제나 행동을 취하고 위험을 감수한다. 지금까지 32가지 사업에 시간과 돈을 투자했다. 그 가운데서 13가지는 실패했고, 19가지는 성공했다. 내가 이 정도로 성공할 수 있었던 것은 크게 생각하고 그 발상을 행동으로 옮겼기 때문이라고 생각한다.

좋은 아이디어를 떠올리려면 정신을 근육처럼 단련하고, 더 크고 대담한 목표를 향해 스스로를 풀어놓아야 한다. 생각을 실천으로 옮기는 습관을 만들기 위해서는 이 책에서 제시하는 방법들을 꾸준히 연습해야 한다. 하나의 아이디어를 크게 성장시키려면 인생의 거친 현실을 인정하고 위축되지 않으며, 끊임없이 조정해 현실에 대응해야 한다. 크게 생각하고 작은 것부터 실행하라.

다른 사람들은 당신이 바라보는 전망을
보지 못할 것이다.
그건 그 사람들 일이 아니기 때문이다.
당신이 바라보는 그 전망을
현실에서 실현하는 것은
당신이 할 일이다.

PART 4.

LESS to NAIRE

부정적인 에너지에 무너지지 않는 세 가지 힘

HOMELESS to BILLIONAIRE

시련과 문제를 넘어설 때
진짜 성장이 시작된다

크게 생각하는 사람들은 큰 문제를 좋아하며 이것을 해결해 큰 기회로 바꾸어 놓는다. 이 과정에서 불가피하게 만나게 되는 시련은 그저 삶을 완성하는 퍼즐 조각에 지나지 않는다고 여긴다. 크게 생각하는 습관이 있는 사람들은 퍼즐을 맞추는 동안 최악의 시점에서 어려운 문제들이 불쑥 튀어나온다는 사실을 이미 알고 있다. 온갖 방해물 때문에 모든 사람이 도중에 포기할 때도 의지와 끈기를 가지고 굳세게 앞으로 나아가는 사람들은 커다란 목표를 달성할 수 있다. 크게 생각하는 사람들은 자기의 관점과 주변 사람들의 관점을 바꿈으로써, 온갖 시련과 위기를 오히려 기회로 삼는다. 틀 자체를 바꾸어버리는 것이다. 즉 문제를 있는 그대로 직시한 뒤, 더 나은 발상과 해법을 찾기 위해 그 문제를 바라보는 관점을 창의적으로 바꾼다.

나는 지금 성공한 삶(대부분이 화려하다고 여길 만한)을 살고 있지만, 그렇다고 해서 스트레스가 아예 없는 것은 아니다. "돈이 많으면 걱정도 많고 문제도 많다"는 말처럼 19개의 회사를 운영하는 사람으로서, 그리고 태국에서 가장 돈이 많이 몰려 있는 지역의 부동산 개발업자로서 나는 늘 스트레스를 안고 산다. 이런 압박감들은 어떻게 처리해야 할까?

나는 아침에 눈을 뜰 때마다 어떤 끔찍한 일이 당장이라도 일어날지 모른다는 생각을 한다. 당신은 앞서 내가 했던 이야기들을 바탕으로 내가 어떻게 두려움을 극복하는지, 그리고 어떻게 인생에서 걱정을 말끔하게 걷어냈는지 이미 알고 있을 것이다. 그런데 어째서 아침마다 어떤 문제들이 일어날 것을 예상하면서 하루를 시작하는지 이상하게 생각할 것이다. 이런저런 문제는 언제든 일어나게 마련임을 알기에 나는 개의치 않는다. 언제든 무슨 일이 일어날 수 있고 때로는 나도 손을 놓고 있을 수밖에 없음을 인정한다.

어떤 문제든 반드시 해결책이 있다. 문제가 나타나면 우리는 이전과 다른 관점으로 대상을 바라보게 되고, 그 문제도 우리를 그렇게 유도한다. 시련이 아무리 혹독하거나 예상치 못한 것이라 해도 극복할 길은 언제나 존재한다. 우리는 문제를 해결하는 과정을 통해 날마다 새로운 것을 배운다. 만약 문제가 생길 것을 예상하고 뜻밖의 시련에도 최선을 다해 맞선다면, 언젠가 성공의 문턱을 넘어설 때 필요한 지식과 역량을 꾸준히 배우고 쌓아갈 수 있다.

아침마다 자기에게 닥칠 문제를 기대하고 또 인생이 가져다주는 온갖 시련을 사랑하는 태도가 우리에게 필요하다. 그러니 그것들을 두려움과 걱정에 사로잡힐 구실로 삼지 마라. 분명히 기억하라. 당신은 두려움을 모르는 사람이 될 수 있다. 당신 인생에서 걱정이 두 번 다시 문제가 되지 않도록 하라. 문제라는 것은 그저 해결책과 기회를 부르는 어떤 상황일 뿐이다.

똑같은 말을 반복하는 것이지만, 마음가짐에 대해서 한 번 더 얘기하겠다. 모든 성공의 열쇠는 결국 문제 해결이 핵심이며, 문제 해결은 마음가짐에 달려 있다. 어떻게 하면 문제를 긍정적인 해결책으로 바꾸어 놓을까 하는 생각이 중요하다는 말이다.

위기도 긍정적으로 바라보라

스탠퍼드 공과대학에서 16년 동안 혁신 관련 강의를 하고 있는 『시작하기 전에 알았더라면 좋았을 것들 Insight Out』의 저자 티나 실리그는 "상상은 현실에 존재하지 않는 것을 시각적으로 떠올리는 방법이다. 그리고 시련에 대처하려고 상상력을 동원하는 것이 바로 창의성이다. 독특한 해법을 마련하려고 창의성을 활용하는 것이야말로 혁신이다. 기업가 정신이란 혁신을 통해 다른 사람들을 자극해서 발상의 규모를 확장하는 것을 말한다"고 이야기했다.

어떤 문제가 나타났을 때 마음가짐이 긍정적이라면, 위기를 하나의 기회로 바라보는 데 도움이 된다. 이때 중요한 것은 어떤 문제든 자신이 창의적인 해법을 마련해 혁신할 수 있다는 자신감, 문제 해결 과정이 즐겁고 만족스러울 거라는 긍정적인 마음을 끝까지 유지하는 것이다. 또한 문제를 올바른 해결책으로 전환하는 방식을 체계화해야 한다. 실리그는 3가지 훌륭한 방법을 제시해주었다. 첫 번째로 질문을 다시 살피고, 그다음으로 나쁜 아이디어들을 찾아내고, 마지막으로 기존 규칙이 올바른지 의심하는 것이다. 파티를 열려고 하는 상황을 예로 들어보자.

'될 수 있으면 적은 돈을 들이고 손님들이 잘 대접받는다고 느끼게 하려면 파티를 어떻게 준비할까?'라는 질문을 '어떻게 하면 손님들에게 특별한 추억을 선물할 수 있을까?'로 바꾸면 전혀 다른 접근이 가능해진다. 즉 질문의 틀을 재설정하면 파티 준비와 진행을 비용과 시간의 한계에만 초점을 맞추는 관점에서 벗어날 수 있다. 질문의 초점을 바꿈으로써 해결책에 대한 접근 방향이 달라지는 것이다.

나쁜 아이디어에 대해 브레인스토밍을 하는 것도 도움이 된다. 문제에 맞닥뜨리면 흔히 좋은 아이디어들을 떠올리는 데만 초점을 맞추기 쉽다. 그러나 이렇게 하면 문제 해결 능력이 제한된다. 창의적이고 혁신적인 해결책을 마련할 때는 나쁜 아이디어들을 찾아내는 것도 의미가 있다. 좋은 아이디어여야 한다는 압박감을 제거하면, 너무 당연해 보이는 아이디어보다 바보 같은 아이디어들이 더 나을 수 있다. 또 끔찍한 아이디어들도 제대로만 평가된다면 얼마든지 독특하고 탁월한 아이디어가 될 수 있다.

심각한 문제에 맞닥뜨렸다면, 가장 짧은 시간 안에 나쁜 아이디어들을 가능한 한 많이 생각해서 적어보자. 이런 아이디어들을 완벽하게 만들려고 억지로 시간을 낭비할 필요는 없다. 그저 아이디어 목록을 만들기만 하면 된다. 나쁜 아이디어를 좋은 아이디어로 만드는 방법에 대해서는 나중에 생각하면 된다.

이에 대해 실리그는 남극 대륙에서 비키니 파는 사례를 제시했다. 그는 자신의 수업에서 한 조에 속한 학생들에게 이 나쁜 아이디어를 좋은 아이디어로 바꾸라고 했다. 학생들은 5분 동안 브레인스토밍을 한 끝에 '비키니를 입을 것인가, 아니면 죽을 것인가?'라는 구호를 정하고, 몸매를 가꾸길 원하는 사람들을 남극으로 데리고 가 피트니스 훈련을 통해 원하는 몸매를 얻게 해주겠다는 탁월한 아이디어를 만들어냈다. 이 여행에 참가하는 사람들은 힘든 여정과 훈련 끝에 마침내 맵시 있는 몸매로 비키니를 입을 수 있을 것이다. 이 사례에 대해 실리그는 다음과 같이 말했다.

"남극에서 비키니를 판다는 발상은 끔찍할 정도로 형편없는 아이디어일지도 모른다. 그러나 질문을 다른 관점에서 바라보라고 하자 학생들은 5분 만에 나쁜 아이디어를 멋진 아이디어로 바꾸어

놓을 방법을 찾아냈다."

그다음으로 해야 할 일은 기존의 규칙을 의심하는 것이다. 지금까지 당연하게 여기며 따르던 것들을 따르지 않음으로써 문제의 틀을 새롭게 짤 수 있다. 이런 질문을 던져보자.

"업계에서 통용되는 모든 규칙은 무엇인가?"

그동안 당연히 따라야 한다고 생각해온 모든 규칙의 목록을 작성해보자. 그러고 나서 규칙의 지시와 반대로 하면 어떤 일이 일어날지 생각해보라. 우리는 모두 기존의 온갖 규칙과 가정에 너무도 깊이 세뇌되어 있어서 틀을 깨는 일이 쉽지는 않다. 실리그는 이렇게 말했다.

"태양의 서커스Cirque du Soleil(세계적인 서커스 공연단-옮긴이)는 서커스 공연이라면 당연히 이러저러해야 한다는 기존의 가정들을 의심하고 나섰다. 그렇게 해서 서커스를 어린이를 대상으로 하는 가벼운 오락이 아니라 성인을 대상으로 하는, 영화나 오페라와 어깨를 나란히 하는 수준 높은 공연으로 바꾸어 놓았다."

개인적으로 나는 사우스웨스트 항공사의 경영 방침을 무척 좋아한다. 이 항공사는 항공기의 좌석 배정이 항공권을 사는 순간 결정되어야 한다는 기존 발상에 의문을 제기했다. 그리고 먼저 타는 사람이 자기 마음에 드는 자리를 선택하게 했다. 관행과는 근본적으로 다른 접근법을 적용하자 회사에는 더 많은 수익이 발생했다. 일찍 와서 마음에 드는 자리를 찾는 승객들에게 약간의 수수료를 더 받았기 때문이다.

문제를 성장의 기회로 삼아라

문제 해결은 결코 어렵고 무서운 과정이 아니다. 위기를 창의적으로 해결할 방법은 이 밖에도 더 있다. 혼자가 아닌 팀 차원에서 문제 해결에 접근하는 방법이다. 나는 어떤 문제가 나타날 때마다 직원들을 회의실로 불러 모아 "도대체 왜 이런 문제가 일어났을까?", "지금 당장 이 문제를 어떻게 처리해야 할까?", "무엇을 교훈으로 얻어야 하며, 이런 일이 재발하지 않으려면 어떻게 해야 할까?"라는 질문에 대해 각자의 생각을 거리낌 없이 쏟아내게 한다.

문제 해결 과정에 직원들을 참여시키면 팀의 결속력도 높아진다. 그들은 회사의 의사 결정 과정에 직접 참여한다고 생각하며, 특별한 권한을 얻었다고 느낀다. 이런 식으로 경영진과 직원이 한자리에서 논의하다 보면, 문제 상황을 타개할 새롭고 탁월한 아이디어들이 나타날 때가 많다.

내가 해변에서 500미터 정도 떨어진 곳에 객실 446개를 갖춘 콘도를 짓는, 새로운 사업을 시작하려던 때 있었던 일이다. 사업 진행에 필요한 토지를 매입하는 계약서에 서명하기 직전이었는데, 다른 개발업자가 해변에서 200미터밖에 떨어지지 않은 곳에 다른 콘도를 지을 예정임을 알게 되었다. 부동산 사업에서는 위치가 가장 중요한 변수이다 보니, 해당 부동산이 해변으로부터 거리가 200미터냐 500미터냐 하는 조건은 엄청나게 중요한 문제였다.

나는 이 사실을 알고 바로 영업 담당 직원들과 이사진을 모두 소집했다. 애초 계획대로 밀고 나가서 가격 구조가 우리와 같을 뿐만 아니라 바닷가와 더 가까운 그 콘도와 경쟁할 것인지 여부를 결정해야 했다.

우리는 먼저 우리 사업과 경쟁 업체의 사업에 어떤 전략적인 차이가 있는지, 즉 소비자에게 제공하는 편익에는 어떤 차이가 있는지 비교했다. 위치, 가격, 시설, 서비스 등을 살폈는데, 각각의 측면에서 경쟁 업체가 우리보다 조금 더 유리하다는 사실을 확인했다. 그래서 이미 큰 비용을 투입했고 거의 계약 직전 단계까지 간 프로젝트를 포기했다. 건축가, 변호사, 그래픽 디자이너들에게 이미 상당한 돈이 지출된 상황이었지만, 큰 리스크를 감당하고 콘도를 세우기에는 너무 부담스러웠다.

그리고 6주 뒤, 우리와 거래하던 건축가가 어떤 땅의 소유주로부터 땅을 팔겠다는 전화를 받고는 다음 날 함께 땅을 보러 가자고 했다. 그때만 하더라도 개발업자로서 땅을 보러 온갖 곳을 돌아다니는 게 일상이었기 때문에 큰 기대는 하지 않았다. 나와 회사의 직원을 태운 건축가는 우리가 최근에 포기한 콘도 부지 쪽으로 가더니, 그곳을 지나쳐서 바다 쪽으로 계속 자동차를 몰았다. 경쟁 업체의 콘도 부지도 지나쳐서 계속 해변 쪽으로 갔다. 나는 흥분했다. 마침내 도착한, 매물로 나온 토지는 해변에서 50미터밖에 떨어지지 않은 야트막한 동산이었고, 아래로 푸른 바다가 펼쳐져 있었다. 소유주가 급하게 처분해 돈을 마련해야 하는 상황이라 가격도 적당해서 애초에 우리가 사려고 하던 땅보다 아주 비싸지 않았다. 나는 소유주를 만나 가격을 조정하고, 몇 주 사이에 모든 거래를 최종적으로 체결했다. 멋진 기회가 찾아올 때는 재빠르게 낚아채야 한다.

이렇게 해서 우리는 다시 경쟁을 벌이게 되었다. 몇 달 동안 우리 건축가, 변호사, 엔지니어, 그래픽 디자이너들은 경쟁 업체의 콘도에서 150미터밖에 떨어지지 않은 곳에서 콘도를 짓는 작업에 매달렸다. 경쟁 업체의 콘도를 면밀하게 분석해 그곳보다 더 나은 콘도를 짓겠다는 목표를 세웠고, 결국 달성했다. 이 프로젝트는 지금까지도 우리 회사의 알짜 사업으로 손꼽힌다.

우리는 경쟁 업체보다 넉 달 늦게 사업을 시작했지만, 446개의 객실을 6개월 만에 모두 분양했다. 같은 기간에 경쟁 업체 콘도의 객실은 3분의 1밖에 분양되지 않았다. 우리는 이 사업으로 최고의 투자 프로젝트 Best Investment Project, 최고의 다용도 개발 Best Mix Use Development에 선정되고 태국부동산상 Thailand Property Award과 아시아태평양부동산상 Asia Pacific Property Award까지 수상하는 등 여러 곳에서 인정받았다.

그날 영업 담당 직원들과 이사진을 소집해서 브레인스토밍 회의를 하지 않았더라면 나는 처음 계획대로 토지 매입 계약을 했을 테고, 해변에서 500미터 떨어진 곳에 콘도를 짓고는 쓰라린 실패를 하고 말았을 것이다. 우리 회사의 역사에서 가장 규모가 컸던 개발 사업을 하면서 팀 차원에서 의사 결정을 한 경험 덕분에, 어떤 문제나 시련에 맞닥뜨릴 때 성급한 결정을 하지 않는 것 또한 중요하다는 교훈을 배웠다.

사람들은 대부분 어떤 문제에 부딪치면 성급하게 해결책을 마련하려 든다. 그렇게 마련한 해결책이 과연 그 문제에 적합한지 충분한 시간을 두고 따지지도 않는다. 성급한 의사 결정은 흔히 더 많은 문제를 낳는다. 어떤 문제를 해결하려고 결정을 내리려면 충분히 조사할 시간이 필요하다. 잘못된 의사 결정을 내리고 나중에 큰 대가를 치르는 것보다는 차라리 아무 선택도 하지 않고 기다리는 편이 더 낫다.

사람들은 잘못된 결정을 내릴까 두려워 선택을 망설인다. 두려움에 사로잡힌 나머지 아무런 행동도 하지 못하고, 결국 앞으로 나아가지도 시련을 극복하지도 못한다. 인생이 던진 피할 수 없는 문제 앞에서 그저 마비된 채 멈춰 서 있는 것이다. 문제는 '이 일을 했다가 망하면 어떡하지?', '이렇게 행동했다가 고객들이 화를 내면 어떡하지?'와 같은 부정적인 생각들이 우리의 마음을 지배한다는 데 있다.

마음을 차분히 가라앉히고 부정적인 생각을 털어내며, 뇌가 전하려는 신호에 '예'라고 응답하려면 시간과 훈련이 필요하다. 어떤 문제와 맞닥뜨리든 마음을 먼저 차분히 안정시켜라. 그리고 창의성이 활발히 작동해 다양한 생각이 떠오르게 해서 그중 어떤 해결책으로 행동할 수 있을지 고민하라. 또한 걱정이나 두려움 같은 부정적인 생각이 마음속에 자리 잡지 못하도록 단호히 차단하라. 영감을 받은 어떤 해결책이 머리에 번쩍 떠오를 때는 영감을 받은 행동을 실천해서 해당 문제를 해결하라. 그리고 인생에서 한 걸음 앞으로 나아가는 데 필요한 지식을 습득하라.

어떤 시련이든 극복하고 나면 모두 소중한 인생 교훈이 된다. 나 역시 처음 시작한 사업이 망했을 때 그 경험을 통해 많은 것을 배웠다. 인생을 살면서 두 번 다시 하지 말아야 할 것이 무엇인지도 배웠다. 날마다 명상을 하고, 달성할 목표를 설정하고, 내 온몸을 사랑과 행복이라는 감정으로 채워야 함을 배웠다.

나는 내 인생에 나타나는 온갖 문제와 시련에 늘 감사하며 산다. 시련은 언제나 내가 앞으로 나아가기 위해 꼭 알아야 할 소중한 가치가 무엇인지를 알려주기 때문이다. 즉 시련은 나에게 특별히 주어지는 성장의 기회다. 모든 문제에는 많은 양의 지식이 담겨 있다. 쟁점이나 말썽이 생긴다고 해서 스트레스받지 말라. 어차피 생길 일들이다. 시련을 두려워하지 말고 인생에서 당연히 나타날 수밖에 없는 한 부분으로 받아들여라. 그렇게 하면 시련이 닥치더라도 창의적인 해결책을 찾을 수 있고, 그 해결책은 의외의 성공을 안겨 준다.

기억하라. 인생의 시련을 극복하는 여러 경험에서 교훈을 얻는다면, 이 교훈 덕분에 부자가 될 수 있다.

공포는 아무런 준비가 되어 있지 않을 때
불쑥 찾아와 우리를 시험한다.
그러나 그 공포는 우리를 멈추게 하려는 것이 아니라
더 큰 성장을 예고하는 신호다.
시련과 문제를 넘어설 때
비로소 진짜 성장이 시작되고,
그 과정을 견뎌낸 사람만이
더 단단하고 넓어진 자신을 만나게 된다.

HOMELESS to BILLIONAIRE

진심 어린 사과는
마음의 파동을 긍정으로 바꾼다

"젊을 때 늙은 사람을 존중하고, 힘이 셀 때 힘이 약한 사람을 돕고, 잘못했을 때 그 잘못을 고백하라. 언젠가는 당신도 늙고 힘이 약하고 잘못할 수 있기 때문이다."

내가 네팔의 히말라야산맥 고지에 있었을 때 만난 티베트의 승려 앙 로상이 했던 말이다. 나는 이 말을 늘 마음에 새기며 산다.

위대한 업적을 성취하고 성공한 혁신가들을 많이 만나보니 그들에게는 한 가지 공통점이 있음을 발견했다. 위대한 사람들은 자기가 틀렸다고 인정하는 걸 두려워하지 않으며, 곧바로 사과한 뒤 똑같은 실수를 반복하지 않으려고 철저하게 노력한다는 점이다. 자기 실수에 책임을 지고 실수에서 교훈을 얻는 모습에서 그 사람이 강한 사람이며, 지도자의 자질을 갖추었음을 알아보고 사람들은 지지를 건넨다. 그리고 그들은 다시 추종자들을 통해 더욱 성장한다.

자기 행동에 책임을 지면, 자존감이 높아지고 죄의식이 줄어든다. 자기 잘못을 인정하고 저항감 없이 사과하는 데는 용기가 필요하지만, 사과는 가장 거만한 사람조차도 겸손하게 만드는 힘을 가진다. 또한 이런 행동은 깊은 자존감으로 이어진다.

내가 텔레마케팅 회사에 다닐 때의 일이다. 업무를 보던 도중 실수를 했는데, 이를 알게 된 상사가 나에게 심한 욕설을 퍼부었다. 그 일이 죽을 만큼 싫긴 했지만, 그렇다고 어렵게 얻은 일자리를 잃고 싶지는 않아서 재빠르게 잘못을 인정하고 사과했다. 하지만 마음 깊은 곳에는 분한 마음이 자리 잡았다. 동료들이 보는 앞에서 그렇게 지독한 욕설을 들어야 할 만큼 큰 잘못을 저지르지는 않았다고 생각했다.

내 마음속에서는 내가 아니라 그 상사가 잘못한 사람이었다. 내가 사과를 한 것은 그 상황을 빠르게 끝내고 싶어서였다. 내가 실수를 했든 하지 않았든, 그가 나에게 욕설을 퍼부은 일은 사과해야 마땅했다. 상사에게 욕설을 듣던 그 순간이 내가 그 회사에서 하는 일, 그리고 내가 가진 능력에 대해서 어떤 생각을 하게 만들었는지 지금도 생생하게 기억한다. 그때 나는 사과를 받을 가치가 없는 존재였다.

내가 직접 회사를 차린 후로는 사소한 거라도 실수를 하고 싶지 않았고, 실수하게 되더라도 내가 잘못한 일에 대해 인정하고 사과할 마음의 준비를 늘 했다. 내 주변 사람들이 내 반성과 겸손함을 누릴 가치가 있다고 느꼈기 때문이다.

많은 사람이 사과를 불편하게 여긴다. 어쩌면 우리는 성장하면서 누군가에게 사과하는 행위가 부끄럽다고 느끼도록 암묵적으로 교육받았을지도 모른다. 어떤 사람들은 사과가 자기의 미숙함을 인정하는 행위라고 느낀다. 어쩌다가 저지른 실수를 두고 사과한다기보다는 자기 내면의 타고난 인간적 미숙함을 인정하는 행위로 받아들인다. 또 어쩌면 당신은 누군가와 언쟁을 벌인 뒤에 먼저 사과하면 그 갈등의 원인 제공자가 자기임을 인정하는 것이라고 생각할 수도 있다. 심지어 자신이 사과하면 상대방은 그 갈등에 아무런 책임도 없음을 공공연하게 인정하는 셈이라고 여길 수도 있다.

그러나 제대로 잘 전달된 진실한 사과는 이런 쟁점을 모두 비껴가며 오로지 두 사람 사이에 존재하는 관계 회복의 문을 열어준다. 또한 두 사람의 공통된 가치를 재확인하는 것은 물론, 상대방에 대한 긍정적인 감정을 회복시켜준다.

사과는 '먼저 제대로' 하라

나와 직원 사이에 어떤 오해가 있으면 나는 언제나 먼저 사과를 한다. 미안하다고, 내 잘못이라고, 오해가 빚어진 상황이나 사건, 규칙과 관련해서 내가 분명하게 알지 못했다고 말이다. 때로는 사과가 자기가 전혀 잘못하지 않은 어떤 상황에서의 전체적인 분위기를 완전히 바꾸어 놓기도 한다.

나는 회사의 팀이나 직원 개개인에게 "이런 일이 다시는 일어나지 않도록 하려면 어떻게 하는 게 좋을까?"라고 묻는다. 그리고 다음에 이런 상황이 생길 때를 대비해서 모든 것을 한층 명확하게 하고 보다 더 많은 정보를 확보한다. 나는 부정적인 일을 주제로 한 회의를 마칠 때면 언제나 이렇게 말한다.

"이 실수에서 우리가 교훈을 얻어 다시는 이런 일이 일어나지 않도록 합시다."

어느 잣대에 비추어 보더라도 나는 완벽한 인간과는 거리가 멀다. 실수도 잦고, 투자자들에게 본의 아니게 피해를 끼치기도 한다. 이런 상황에서 투자자와 나 사이에 긍정적인 변화가 일어나도록 하려면, 현재 일어나는 일에 대해서 투자자에게 완벽하게 솔직해야 한다. 이때 직접 얼굴을 대하는 만남은 전화나 이메일보다 훨씬 더 좋은 에너지를 준다. 얼굴을 대하고 만나면 개인적인 차원의 결속을 한층 강화하는 데 도움이 될 일을 추가로 더 하려고 노력하게 되기 때문이다.

내가 하는 사업과 관련해 고객이 불편함을 느낄 때마다, 나는 업무와 상관없이 관계 회복에 우선적으로 힘쓴다. 또한 업무상 만나는 투자자와 고객에게 내가 태국 최고의 부동산 개발업자임을 확실히 보여주려 한다. 우리 팀이 어떤 프로젝트를 맡더라도 함께하기에 최적의 파트너이자 최고의 만족을 줄 수 있는 존재임을 증명하고 싶은 것이다. 이런 태도 덕분에 그들은 계속해서 우리에게 투자하고, 다른 사람들까지도 소개해준다. 그럼에도 나는 절대 안주하지 않는다. 모든 개발 사업이 완벽하게 진행되도록 노력하고, 투자자들을 존중하며, 작은 잘못도 기꺼이 사과하고 바로잡는다. 그리고 같은 문제가 다시 발생하지 않도록 철저히 조치한다.

우리는 모두 겸손함의 미덕을 발휘할 능력을 갖추고 있으며, 어떤 시련이 닥쳐도 창의적인 해결책을 찾을 수 있다. 그러므로 실수를 했을 때는 잘못을 기꺼이 인정하고 잘못된 부분을 바로잡는 데 필요한 모든 조치를 다 취하라. 잘못했을 때 잘못했음을 인정하는 걸 어려워할 필요는 없다.

사과는 '미래에는 어떠해야 할 것'이라는 논의로 이어진다. 특히 새로운 규칙이 필요한 상황이라면 더욱더 그렇다. 의도치 않게 다른 사람에게 상처를 입히는 일이 더는 일어나지 않도록 새로운 규칙이 필요하다. 뿐만 아니라 '진동하는 나눔의 법칙'과 비슷하게 사과는 긍정적인 감정을 담아서 해야 하며, 내가 사과하면 상대방도 사과할 것이라는 기대를 하지 말아야 한다.

불성실한 사과는 흔히 죄의식을 회피하기 위한 방책으로 동원된다. 어떤 공인이 사회적으로 물의를 빚을 만한 내용을 SNS에 올린 뒤에 사람들에게 비판을 받으면 보통 이런 식으로 사과한다.

"저의 발언은 부적절하고 상황에도 맞지 않았던 것 같습니다. 그 점에 대해서 사과합니다."

이 사과는 책임을 회피하고자 하는 시도일 뿐이다. 잘못을 진정으로 바로잡고자 하는 의도가 없는 반쪽짜리 사과에 불과하다. 내가 그런 식으로 사과를 했다면, 그 일은 두고두고 나에게 껄끄럽게 남아 있을 것이다. 중요한 것은 사과에 선한 에너지를 주입하는 일임을 잊지 말아야 한다.

누군가에게 사과해야 할 일이 생기면 육체적으로나 정신적으로 압박감을 느낀다. 밤에 두 발을 뻗고 편히 잠을 자지도 못하고, 어딘지 모르게 가슴이 답답하다. 폭식을 하거나 폭음을 하기도 한다. 심지어 두통까지 따라온다. 하지만 사과는 불안과 우울의 발생 빈도를 줄여주며, 과거의 인간관계를 회복하는 데도 도움이 된다. 사과하지 않은 해묵은 나쁜 감정은 마음에 응어리를 남기며, 새로운 인간관계에 지속해서 영향을 준다.

때로는 사과하고 싶지 않다는 유혹을 받기도 한다. 두 번 다시 그 사람을 볼 일이 없으며 그 문제가 또다시 입에 오르내릴 일이 없다고 생각할 때 그렇다. 하지만 이런 유혹은 내면에 부정적인 생각을 유발할 뿐이다.

사과의 기술을 개발하라

　히말라야산맥에서 만난 현자이자 승려인 앙 로상은 내게 바쁜 세상 속에서 내면의 평화를 찾는 방법과 순수한 기쁨에 마음을 활짝 여는 방법, 부정적인 생각들이 나의 판단과 행동을 덮어버리지 못하게 막는 방법을 일러주었다. 이 스님과 함께한 시간은 지금까지도 내 인생에서 가장 인상적인 경험으로 남아 있다. 그가 일러준 "젊을 때 늙은 사람을 존중하고, 힘이 셀 때 힘이 약한 사람을 돕고, 잘못했을 때 그 잘못을 고백하라. 언젠가는 당신도 늙고 힘이 약하고 잘못할 수 있기 때문이다"라는 말은 개인적인 삶에서는 물론 사업에서도 믿을 수 없을 정도로 멋진 도움말이다. 이것은 내가 의지해서 살아가고 또 사람들에게 가르치는 원리, 즉 모든 것을 끌어당기고 무제한의 기회를 열어주는 법칙의 많은 측면들을 아우르는 말이다. 내가 살아온 인생을 돌아보면 이 말이 나에게 어디에서 어떻게 도움을 주었는지 또렷하게 알 수 있다. 나는 내가 잘못한 것을 적절한 감정과 진심을 담아서 인정하는 법을 배웠고, 이 배움은 내가 성공하는 과정에서 엄청나게 큰 역할을 했다.

　배우 리스 위더스푼의 사례를 보자. 그녀는 남편과 함께 음주 운전을 의심하는 경찰관에게 무례하게 굴었고, 이 모습이 고스란히 카메라에 찍혔다. 나중에 위더스푼은 「굿모닝 아메리카(ABC에서 방송되는 미국의 아침 텔레비전 프로그램-옮긴이)」에 출연해서 이렇게 사과했다.

"그날 남편과 저는 애틀랜타에 저녁을 먹으러 갔습니다. 그리고 와인을 너무 많이 마셔버렸습니다. 그런데도 운전해도 된다고 생각했습니다. 그렇지만 괜찮지 않았습니다. 절대로 용인할 수 없는 행동이었고, 그 일에 대해서 정말 죄송하게 생각하고 있으며 뭐라고 용서를 빌어야 할지 모르겠습니다. 이제는 잘못을 깨달았습니다. 그런 짓은 절대로 하지 말았어야 합니다."

미국 시민들은 이 사과를 곧바로 받아들이고 용서했다. 왜일까? 위더스푼의 사과는 단순하면서도 효과적인 3단계 원칙으로 구성되어 있다.

첫째, 자기 실수를 솔직하게 인정한다. 모든 책임을 지겠다고 하며, 자기 잘못을 합리화하려 하거나 설명하려 하지 않는다. 둘째, 자신이 아닌 다른 사람이 잘못된 행동을 했다거나 하는 구구절절한 변명이나 핑계를 대지 않는다. 다시 말해, 일어난 일을 다른 사람의 탓으로 돌리지 않는다. 셋째, 상황을 길게 끌지 않는다. 결과가 어떻게 될 것인지 지나칠 정도로 질질 끌면서 걱정하지 않고 최대한 빠르게 용서를 구한다.

사과의 기술을 개발하는 일은 인생을 살면서 새로운 기회들을 지속해서 끌어들이는 최고의 방법이다. 사과는 마음의 무거운 짐에 짓눌리지 않고 다른 사람들과 소통하면서 가볍게 앞으로 나아갈 수 있게 해준다. 사과의 여러 기술을 잘 익히면 익힐수록, 사업과 인간관계는 물론 자기 내면에서 한층 많은 것들을 풍족하게 누릴 수 있을 것이다.

사과를 한다고 해서
언제나 당신이 틀렸다는 의미는 아니다.
그것은 단지 옳고 그름을 넘어,
당신이 자존심보다 관계를
더 소중히 여긴다는 증거다.
진정한 사과는 패배가 아니라 성숙이며,
상대를 향한 존중과 관계를 지키기 위한 용기다.

건강한 신체 에너지가
당신의 주파수를 높인다

　나는 매우 활동적이다. 하이킹을 하든 체육관에 가든, 한시도 가만히 있질 못한다. 그런데 활동적으로 살고 몸을 탄탄하게 만들면 건강해지는 것 외에도 여러 가지 좋은 점이 뒤따른다. 부지런하게 살다 보면 건강을 챙기는 데 소홀해질 수 있다. 누구나 그렇다. 일이 바쁘면 업무 이외의 활동은 잠시 제쳐두게 된다. 그러나 몸을 건강하게 유지하는 것은 신체적으로나 정신적으로 자신을 잘 보살핌으로써 자기애를 실천하는 행위다.

　나는 등산, 스카이다이빙, 번지점프, 스키, 보디빌딩, 축구를 좋아하며 즐긴다. 히말라야산맥에도 올라봤는데, 이 경험을 통해 얻은 영감으로 개발하던 프로젝트에 '그랜드 히말라이 Grand Himalai'라는 이름을 붙이기도 했다. 신체 활동이 가져다주는 아드레날린이 가만히 앉아 평화롭게 1,000일을 보내는 것보다 낫다고 나는 진심으로 믿는다. 꼭 멀리 떠나는 것이 아니더라도 체육관에 가서 덤벨을 들거나 러닝머신으로 운동을 할 때면, 창의적인 온갖 아이디어가 떠오른다. 또 적어둔 목표를 좇아서 부지런히 앞으로 나아가겠다는 동기가 강하게 부여된다. 운동은 스트레스와 불안과 근심을 털어내는 좋은 방법이기도 하다. 정기적으로 운동하는 사람들은 그렇지 않은 사람들보다 운동을 마친 뒤에 훨씬 더 좋은 기분을 느낀다. 정기적으로 신체 활동을 하면 행복감과 활력의 수준이 높아진다.

운동에서 느끼는 기분 좋은 느낌은 운동을 할 때 몸에서 분출되는 엔도르핀과 관련이 있다(엔도르핀은 음식을 먹고 마시는 활동뿐만 아니라 신체의 보상 회로에도 작용한다. 뇌의 보상 회로는 기분을 좋게 만듦으로써 인간의 행동을 조절하는 체계다-옮긴이). 이 물질은 운동을 하고 나서 좋은 기분을 느끼게 해준다. 운동을 통해서 느끼는 기분도 중독성이 있다. 나 같은 부류의 사람들은 이런 느낌에 중독되어 있다. 하지만 이런 종류의 중독은 부작용이 전혀 없다. 그러니 바람직한 중독이라고 할 수 있다.

내가 운영하는 피트니스 클럽에는 최첨단의 운동 시설과 장비가 갖추어져 있다. 사우나와 한증막도 있고, 피트니스 강좌, 댄스 강좌, 요가 강좌, 무술 강좌, 집중력 강화 강좌도 날마다 열린다. 나는 직원들에게 시간이 날 때마다 운동해서 건강한 신체를 유지하라고 말한다. 심지어 아침 회의 장소를 체육관으로 잡아 회의를 마친 뒤에 직원들끼리 유대감을 쌓도록 하기도 한다. 모든 회사 직원에게 운동에 대한 동기 부여를 하기에는 이 방법이 최고다. 나는 피트니스 클럽 자유 이용권과 멤버십 카드, 이벤트용 무료 이용권 등을 직원에게 자주 나누어주는데, 목적은 딱 하나다. 직원들이 정기적으로 운동을 하는 습관을 들이게 만드는 것이다. 이는 회사를 운영하는 데에도 충분한 가치가 있는 일이다.

건강한 라이프스타일은 사람의 신체를 바꾸어 놓을 뿐만 아니라 사람의 정신과 태도, 기분까지도 바꾸어 놓는다.

건강한 몸이 성공을 이끈다

나는 성공한 사람이나 사업 모델을 모방하는 것을 중요하게 여긴다. 누구나 똑같이 하루에 24시간이 주어지는데, 성공한 사람들은 어떻게 그런 대단한 업적을 달성할 수 있었을까? 그 사람들은 온갖 위대한 발상을 어떻게 그리 높은 확률로 현실에서 실현할 수 있었을까?

모든 경우에 다 그렇듯이 습관을 연구하면 성공 공식이 드러난다. 세계에서 가장 크게 성공했다고 꼽히는 사람들 가운데 몇몇 사람이 평소 생활 습관에서 무엇에 초점을 맞추었는지 알아보았더니, 다음과 같은 사실을 확인할 수 있었다.

- 메타(구 페이스북) 창업자인 마크 주커버그는 한 주에 적어도 사흘 운동을 하는데, 보통 반려견과 함께 조깅을 한다. 그리고 세계 최연소 억만장자 명단에 이름을 올렸다.
- 버진그룹의 창업자인 리처드 브랜슨은 새벽 5시 일어나 카이트서핑을 하거나, 수영을 하거나, 테니스를 한다. 날마다 꾸준히 운동을 함으로써 하루 4시간의 추가 생산성을 확보한다고 주장한다. 그는 300개가 넘는 기업을 소유하고 있다.
- 미국의 국무부장관을 역임했던 콘돌리자 라이스는 새벽 4시 30분이면 어김없이 일어나서 40분 동안 심장 강화 운동을 한다. 대개는 런닝머신이나 사이클 기구를 이용한다. 그리고 미국 역사상 가장 중요한 정치 인사들 가운데 한 명이 되었다.
- 미국 대통령이었던 버락 오바마는 한 주에 6일, 하루에 45분씩 운동을 한다. 아침에 일어나서 맨 먼저 하는 일이 운동인데, 덤벨 들기와 심장 강화 운동을 하루에 하나씩 번갈아가면서 한다. 그는 8년 동안 세계에서 가장 영향력 있는 인물이었으며, 지금은 성공한 아버지이자 강연자이며 저술가이다.
- NBA의 댈러스 매버릭스 구단 소유주인 마크 큐반은 하루도 빼먹지 않고 날마다 1시간씩 심장 강화 운동을 한다. 그는 사이클과 계단 오르기 기구를 사용하며, 농구를 하고 킥복싱 및 그 밖의 여러 운동 강좌도 듣는다. 그는 텔레비전 프로그램인 〈샤크 탱크 Shark Tank〉에 출연하며 전 세계 신생기업에 투자하는 투자자이기도 하다.
- 애플의 CEO인 팀 쿡은 새벽 4시 30분에 일어나 체육관에 가서 운동을 한다. 사이클링과 암벽 타기도 즐긴다. 애플은 지금도 여전히 기술 분야

> 에서 전 세계를 선도하는 혁신 기업이다.

큰 성공을 거둔 사람들의 습관을 조사하면 할수록 공통점은 점점 더 뚜렷해졌다. 그들은 하루를 일찍 시작하고, 어떤 형태로든 운동을 하며, 또 매우 다양한 활동을 한다. 나는 이런 사실에 매료되었지만, 문제가 하나 있었다. 나를 아는 사람은 누구나 아는 사실이지만, 나는 아침형 인간이 아니다. 나의 생체 시계는 느지막하게 일어나도록 설정되어 있다. 그래서 오전 6시 이전에 일어나 운동하는 것은 내게 전혀 맞지 않는다.

이 주제로 세계적인 베스트셀러 『운동화 신은 뇌』를 쓴 뇌 의학 전문가 존 레이티 박사는 운동에 대해 "뇌 기능을 최적화하는 데에는 당신이 가지고 있는 것들 가운데 가장 강력한 도구다"라고 말했다. 또한 레이티 박사는 운동의 효과에 대해 다음과 같이 정리해 두었다.

- 학습 능력을 개선하며 뇌세포를 성장시킨다.
- 스트레스, 분노, 불안감, 우울감을 완화한다.
- 주의력과 집중력을 강화한다.
- 알츠하이머나 파킨슨병, 그 밖의 치매 관련 노령 질병에 걸릴 위험을 줄여준다.

그리고 그는 최적의 뇌 기능을 발달시키기 위한 최고의 운동 요법을 제시했다. 상세한 내용은 다음과 같다.

- 최소한 한 주에 5일, 매일 30분씩 적절한 강도의 유산소 운동을 해야 한다. 유산소 운동으로는 달리기와 사이클링, 수영이 좋지만, 자기 라이프스타일에 맞게 날마다 할 수 있는 운동법을 찾는 것이 중요하다. 운동 습관이 없는 사람이라면 걷기부터 시작하는 것이 가장 좋다.
- 어떤 형태의 유산소 운동이든 한 주에 6일, 하루에 45분에서 1시간 동안 하는 것이 가장 좋다. 그러나 날마다 고강도 운동을 반복해서는 안 된다. 신체와 뇌가 회복할 시간을 주어야 한다.
- 근육을 단련하고 뼈를 강화하며 관절을 보호하려면 근력 운동을 같이 해야 한다.
- 한층 복잡한 운동을 같이 하면, 기술을 연마하고 뇌를 훈련함으로써 신체를 늘 민첩한 상태로 유지하는 데 도움이 된다. 등산, 무술, 체조, 춤, 요가, 필라테스, 균형 훈련 등이 그런 운동이다. 라켓을 들고 하는 운동은 특히 좋은데, 이는 심혈관계와 뇌를 동시에 자극해준다. 유산소 운동만 하는 것보다 신체와 정신을 동시에 자극하는 운동을 같이 하면 운동 효과가 배가된다.
- 운동을 규칙적으로 하는 습관을 들이려면, 혼자서 하는 것보다 클럽이나 강좌에 회원으로 가입해서 다른 사람들과 함께하는 것이 좋다. 다른 사람들과 만나서 상호 작용을 하면, 건강에 좋을 뿐만 아니라 스

트레스가 줄어들며 동기를 부여받는 효과도 있다.

레이티 박사는 무슨 운동이든 날마다 하되 운동 프로그램을 유연하게 짜고, 새로운 운동 종목에도 도전하라고 조언한다. 또 무술, 요가, 체조, 등산 같은 복잡한 운동을 하는 게 좋다고 강조한다. 하지만 아침 일찍 운동하는 것이 좋다고 강조하지는 않는다. 나로서는 무엇보다 반가운 말이다. 그래서 나는 낮 동안 따로 시간을 정해두고 운동을 하는데, 운동하고 나면 정신적으로 재충전되는 느낌이 든다.

오랜 세월 우울증에 시달려왔지만, 운동을 정기적으로 하면서 긍정적인 생각을 하게 되고 기분을 조절하는 효과를 보았다. 몸이 건강해지면 건강해질수록, 내 정신과 외모는 한층 더 단단해지고 예리해졌다. 꼭 내 사례가 아니더라도, 운동이 정신과 신체에 모두 믿을 수 없을 정도로 강력한 효과를 발휘한다는 사실은 의심할 나위가 없다.

지금 운동을 시작하라

운동을 해야 한다고 해서 꼭 강좌에 가입해야 한다거나 체육관에 가서 덤벨을 들고 러닝머신을 뛰어야 하는 것은 아니다. 스포츠를 딱히 좋아하지 않는 사람이라고 해도, 집에서 직장까지 가는 도중에 아름다운 정원이나 공원이 분명 하나쯤은 있을 테니 퇴근길에 잠깐 시간을 내서 30분쯤 걸으면 된다. 그렇게 하루 동안 쌓인 스트레스를 훌훌 털어버린 뒤에 가족이 기다리는 집으로 가라. 어쩌면 당신은 요가 강사가 되는 것이 오래 간직하던 소망일지도 모른다. 이 소망을 이루기 위한 단계를 밟아 나가면, 운동을 통해 신체적으로 건강해질 뿐 아니라 사업적 목표까지 달성하며 두 마리 토끼를 잡을 수 있다. 운동을 당신의 성장에 도움이 되게 하라. 하루 중 조금의 시간을 떼어 육체적 활동에 투자하면, 원하는 것을 얻는 데 큰 힘이 된다. 그게 친구를 사귀는 일이든, 태권도 검은띠를 따는 일이든, 요가 강사 자격증을 취득하는 일이든 말이다.

운동을 해서 좋은 점은 수없이 많다. 신체적으로나 정신적으로나 지금보다 더 활동적인 상태를 유지하는 습관을 한번 들이고 나면, 설정해둔 목표를 달성하는 게 훨씬 더 쉬워졌음을 실감할 것이다. 또 성공을 향해 나아가다 보면 필연적으로 맞닥뜨릴 인생의 온갖 시련을 버텨내는 데도 도움이 된다. 운동을 통해 그것을 극복할 에너지를 기를 수 있기 때문이다. 게다가 운동을 통해서 체력이 강화되었으니, 생물학적 차원에서 보더라도 좋은 호르몬이 한층 많이 분출될 것이다. 다시 말해 목표를 달성하려고 나아가는 과정에서 일을 더 열심히, 그리고 더 오래 할 수 있다.

어떤 유형의 운동을 선택해서 시작하든 내가 해줄 수 있는 최고의 조언은 도중에 멈추거나 포기하지 말라는 것이다. 또 운동하기를 미루려 하지 말자. 새로운 것을 시작할 완벽한 시점은 절대로 없다. 그냥 시작하기만 하면 된다. 운동을 당신 생활에서 가장 중요한 것으로 삼고 일단 시작하라. 건강하고 행복한 상태를 유지해 주는 운동이라면 어떤 것이든 다 좋다. 그리고 자기 사랑을 실천하며 자기를 가장 먼저 생각하는 습관을 들여라. 인생은 끊임없이 바뀐다. 우리가 사는 이 세상은 불확실하며, 예상하지 못한 상황이 언제든 전개될 수 있다. 하지만 운동으로 단련된 신체와 정신으로 헤쳐나가지 못할 역경은 없다. 기억하라. 굳이 매일 체육관에 가지 않아도 된다. 걸어서 퇴근하는 것만으로도 신체와 정신을 모두 개선할 수 있고, 그것만으로도 인생의 성공을 보장하는 길 위에 설 수 있다. 건강한 신체는 강력한 에너지를 발산하고, 그 에너지는 당신의 주파수를 높여 더 큰 기회와 긍정적인 모든 것을 끌어당긴다. 몸을 움직이는 작은 습관이 결국 당신이 원하는 삶을 현실로 만드는 가장 강한 자석이 된다.

신체를 강화하면 정신 또한 자연스럽게 강해진다.
몸과 마음은 서로 깊이 연결되어 있어,
건강한 몸은 맑은 정신을 불러온다.
그러니 자신의 몸을 정성껏 돌보라.
몸은 당신이 평생 살아가야 할 유일한 집이자
삶을 지탱하는 가장 중요한 터전이다.

HOMI

PART 5.

BILLIO

기적을 일상으로 만드는
사람들의 방식

HOMELESS to BILLIONAIRE

진정한 부는 '돈'이 아닌 '시간'의 여유에서 온다

『부자 아빠 가난한 아빠』의 저자 로버트 기요사키는 "부유함^{Rich}은 돈으로 측정하고 재산^{Wealth}은 시간으로 측정한다. 그런데 사람들은 대부분 재산을 모으려 하기보다는 부유해지려고만 한다"라고 말했다. 나 역시 이 말에 동의한다.

부를 끌어당기는 것과 관련해 잘 알려지지 않은 '비밀'이 하나 있다. 이미 손에 넣은 부를 계속 유지하는 방법이다. 재산이란 단순히 돈의 많고 적음으로만 평가되지 않는다. 인생과 사업 모두에서 그것은 당신의 팀이 얼마나 충성스럽고 헌신적인가, 그리고 사업 외적인 영역에 얼마나 많은 열정을 쏟는가에 달려 있다. 나는 행복한 팀, 자유로운 시간, 그리고 셀 수 없는 다양한 혜택을 기준으로 내 재산을 측정하는 법을 배웠다.

회사 몇십 개를 운영해본 경험자로서, 나는 인사관리에 대해 다음의 '더 지불하고, 더 주고, 더 가져라'라는 개념을 꼭 알려주고 싶다.

◆ 당신이 직원이나 협력 업체에 보수를 지급할 때 그 사람들이 당신에게 기대하는 것보다 더 많은 보수를 지급하라. 그러면 그 사람들이 나중에 세부적인 사항을 더 꼼꼼하게 살필 것이고 그러면 당신의 고객들이 한층 더 만족할 것이기 때문이다.
◆ 직원과 협력 업체, 고객에게 돈이 아닌 개인적인 차원의 보상을 더 많이 주어라.
◆ 직원과 협력 업체, 고객을 멀리서 관리함으로써 자기의 시간을 더 많이 가져라.

더 지불하라

내가 말한 개념 중 첫 번째가 '더 지불하라'다. 단순하게 말하면, 당신이 최고의 제품이나 서비스를 만들고 싶으면 그 분야에서 최고인 사람들과 함께 일하면 된다. 그런데 최고인 사람들과 일을 하려면 더 많은 돈을 보수로 지불해야 한다.

우리 회사를 통해 부동산 136건을 매입한 최고의 투자자는 처음에 우리 회사의 경쟁 업체들을 모두 방문하고 비교한 뒤 우리 회사를 선택하기로 결정을 내렸다고 말했다. 그의 판단 기준은 아주 단순했다.

"이 회사의 직원들은 다른 곳에서는 관심을 기울이지 않는 세부적인 사항들까지 추가로 더 관심을 기울인다. 이를 보고 이 회사를 선택하는 게 좋겠다고 확신했다."

수익을 극대화하는 데만 급급한 기업은 어떤 비용이든 줄일 수 있는 데까지 최대한 줄이려 들 것이다. 여기에는 직원의 급여도 포함된다. 대부분의 회사들은 직원에게 급여를 될 수 있는 한 적게 주려고 한다. 이때 직원들은 당연히 업무에 노력을 적게 들이려고 한다. 직원에게 급여를 가능한 한 적게 지급해서 수익을 조금이라도 더 높이겠다는 발상은 궁극적으로 직원의 사기를 꺾어서 실적을 저조하게 만들고, 그러다 보면 결국 회사의 수익도 쪼그라들고 만다.

그렇다면 보수를 더 지불할 때 구체적으로 어떻게 결과가 달라질까? 직원과 협력 업체들은 돈에 대해 걱정하지 않을 때, 즉 자기들이 충분히 많은 보상을 받는다고 생각할 때 세부적인 사항에 초점을 맞추어서 꼼꼼하게 살피고 또 챙긴다. 이렇게 하면 전체적으로 비용이 절감되며 고객의 만족도는 높아진다. 보수를 더 많이 지불할 때 나타나는 이득을 자세히 살펴보자.

- 위대한 사람은 쓰레기 같은 임금을 받고 일하지 않는다. 그들은 똑똑하며 자기 가치가 얼마나 되는지 잘 안다. 그렇기 때문에 그들은 예외적일 정도로 대단한 사람이다. 삼류 포인트에서 낚시를 하면 삼류 고기밖에 낚지 못한다.
- 직원이 최고의 역량을 발휘하길 원한다면 기준을 더 높게 설정해라. 낮은 기대치를 가지고서는 최고의 성과자를 자극할 수 없다. 직원들에게 보다 더 많은 보수를 지급하면 직원들이 보다 더 많은 성과를 낼 것이라 기대해도 되고, 또 직원들에게 높은 기준을 설정해도 된다.
- 연구 조사 결과를 보면 직장에서의 만족도가 높은 직원은 그렇지 않은 직원보다 생산성이 12퍼센트 더 높다.
- 보수를 보다 더 많이 지급하면 충성을 다하는 최고의 인재들을 붙잡아 둘 수 있다.
- 고객은 직원에게 좋은 대우를 하는 회사와 거래를 하고 싶어 한다. 소비자로서는 자기 직무에 별로 신경을 쓰지 않는 직원을 대할 때 불쾌한 경험을 하게 되므로 될 수 있으면 이런 일을 피하려 하는 게 당연하다.

나는 사업 초기에 어떤 개발 프로젝트를 진행하면서 비용을 절감하기 위해 최저가를 제시한 업체들이나 사람들과 계약을 맺었다. 그런데 계약한 건축 회사가 일정에 맞게 설계도를 만들어내지 못하면서, 온갖 문제가 생기고 일이 꼬이기 시작했다. 그 회사로서는 나와 계약한 조건의 예산으로 일을 진행하려다 보니 유능한 직원을 고용할 수가 없었던 것이다. 결국, 그 회사는 다른 사람들에게 하청을 주었고, 일정은 또 연기되었다.

내가 계약한 모든 업체와 사람들은 이익을 별로 남길 수 없다 보니 싸구려 재료로 싸구려 품질의 건물을 만들었다. 결국 품은 품대로 더 많이 들어가고, 시간은 시간대로 지연되었다. 최저가를 기준으로 협상하고 계약했기 때문에 나와 계약한 사람들도 어떻게든 비용을 줄여서 이익을 남겨야만 했고, 결국 모든 사람이 일을 원칙대로 절차에 따라 하지 못하게 되었다.

업계의 관행대로라면, 규모가 작은 회사는 최고의 인재를 고용할 여유가 없다. 경영진은 회사를 운영하면서 기본적인 이익을 남기는 데 초점을 맞추기 때문이다. 하지만 업계에서 통하는 절대적 진실은 차별적인 전략으로 회사를 운영해야 한다는 것이다. 그러니 여유가 허락하는 한도 내에서 사람이든 업체든 최고를 고용해야 한다. 그러면 최상의 결과를 얻을 수 있다. 더 많은 매출을 올릴 수 있고, 고객에게는 한층 큰 만족을 안겨줄 수 있다. 이렇게 되면 당연히 자유로운 시간이 많이 주어진다.

더 많이 주어라

'더 많이 준다'는 말은 직원이 자기 직무에 대해서 더 높은 수준의 만족감을 누리도록, 돈 이외의 다른 것들도 함께 제공한다는 뜻이다. 통상적인 급여 외에 직원들에게 소중한 가치가 있는 것이면 무엇이든 그 대상이 될 수 있다. 예를 들어, 수익의 일부, 보너스, 교육이나 훈련, 인센티브, 결정권, 공동 소유권 등이다.

돈을 동기 부여 수단으로 삼는 데는 한계가 있다. 한계를 넘어서면 돈을 더 많이 준다고 해도 추가로 동기 부여가 되지 않는다. 나는 이런 사실을 사업을 시작한 초기에 혹독한 대가를 치르고 나서야 비로소 깨달았다. 인간은 기본적으로 돈이 줄 수 없는 어떤 것을 바란다. 소중한 존재로 대접받는다는 느낌, 자기에게 고마워한다는 느낌, 인정받는다는 느낌 등이 그런 것들이다. 경영진은 직원들에게 바로 이런 것들을 제공해야 한다.

나는 업계 최고의 인재들과 함께 일하는데, 그들이 나와 함께하는 것은 단지 돈을 많이 주기 때문만은 아니다. 일하기 좋은 환경, 영감을 떠올리기 좋은 조건, 더욱 행복하고 성공한 개인으로 성장하도록 도와주는 교육과 훈련, 그리고 개인 경력을 키워나가기 유리한 조건 등을 제공하기 때문이다. 업계 최고의 인재들을 불러 모아서 일하고 싶다면, 경쟁자들이 주지 않는 것을 줄 수 있어야 한다. 그 인재들이 당신과 함께 일하는 것이 사업적으로나 개인적으로나 최고의 선택이라고 확신하도록 만들어라.

직원 개개인을 많이 알면 알수록 돈 이외의 조건으로, 그리고 돈을 별로 들이지 않고서도 직원에게 동기를 부여하는 상황을 만들어낼 수 있다. 돈이 아닌 것들로 직원에게 엄청난 가치를 주는 혜택을 마련할 수 있다는 뜻이다. 예를 들어, 다음과 같은 것들인데 이 중에 하나를 적용할 수도 있고, 더 많이 적용할 수도 있다.

- 근무 일정을 유연하게 조정한다.
- 개인적인 차원의 자기 계발이나 가족을 위한 일로 업무를 처리하지 못하는 시간도 유급으로 처리한다.
- 교차 훈련(어떤 직원이 본인이 맡은 직무 외에 다른 직무를 수행할 수 있도록 제공하는 직무 훈련-옮긴이)을 실시한다.
- 온라인 강의 등록금을 지급한다.
- 여러 가지 복지 프로그램을 실시한다.
- 업무와 관련된 세미나를 마련해 전문성 강화 기회를 제공한다.
- 지급 금액과 지급 방식을 사전에 꼼꼼하게 정리해둔 보너스 제도를 실시한다.
- 회사의 소유권을 나누어준다.

직원 대부분은 회사에 대한 권한이 주어졌다고 느끼길 바란다. 직원의 의사 결정 능력에 대한 믿음은 여러 가지 측면에서 돈보다 훨씬 더 중요하며, 훨씬 더 강력한 힘을 발휘한다. 이 믿음을 구축하는 방법 중 하나로, 직원에게 처음 입사할 때 맡기기로 했던 직무가 아닌 다른 직무를 맡길 수 있다. 새로운 직무에서도 그 직원이 잘 해낼 수 있다는 믿음을 가지고 있음을 보여주는 것이다.

또 의사 결정을 할 수 있는 책임성을 주면, 그 직원과 고용주 사이에 신뢰가 형성된다. 직원에게 어떤 문제의 해결책을 마련하는 책임을 맡기면, 장차 리더가 될 수 있는 발판을 마련해주는 셈이기 때문이다. 이런 것이 회사의 이익을 강력하게 지켜나가는 충성스러운 직원을 만드는 효과적인 방법이다.

새로운 사업을 개발할 때, 나는 보통 곧바로 관리자가 그 일을 지휘하도록 하지 않는다. 일반 직원들로 팀을 구성해서 협업하게 만든다. 먼저 팀장 자격으로 팀원들과 함께하면서 새로운 사업을 운영할 방식에 대한 가안을 만든다. 내가 운영하는 모든 기업에서 이처럼 강력한 사업 진행 모델을 적용하는데, 이런 과정을 통해 직원들은 자기에게 권한이 주어져 있다고 느끼며 자기 역량을 최대한 발휘한다.

나는 팀을 구성해 한 차례 작업을 진행하며 모든 팀원의 역량을 직접 확인한 뒤, 그중에서 탁월한 지도력을 발휘하고 업무 압박 속에서도 주변 사람들을 챙기며 이끌어준 한두 명을 발탁한다. 또한 내가 가장 신뢰할 수 있는 사람도 눈여겨본다. 이런 사람이야말로 전체 팀에 동기를 부여하고 팀이 꾸준히 앞으로 나아가도록 돕는 핵심 인물이다. 입사 시 제출한 이력서만으로는 그 사람이 실제로 일을 얼마나 잘할지 판단하기 어렵지만, 현장 경험을 맡겨보면 역량과 잠재력을 금세 파악할 수 있다.

그러나 나는 관리자들이 뛰어난 평사원을 경쟁자나 위협으로 보지 않기를 바란다. 이들은 해당 사업에 대해 특정 팀과 협업한 경험이 거의 없는 초짜이기 때문이다. 최고의 인재와 함께 일하기 위해서는 회사 안에서 이미 능력을 인정받은 사람을 반드시 채용해야 한다. 이러한 평사원들에게 중요한 관리직으로 성장할 기회를 줄 때, 우리는 그들에게 더 큰 믿음과 신뢰, 그리고 성장할 발판을 제공하는 셈이다. 믿음과 신뢰, 발판은 무엇과도 비교할 수 없는 강력한 보상이다.

이 전략 덕분에 나는 영업, 마케팅, 회계, 교육 등 다양한 분야에서 업계 최고의 인재들을 확보할 수 있었다. 직원에게 충분한 보수를 지급하고, 금전 외의 혜택을 제공하며, 영감을 불어넣어 충성심을 발휘할 수 있는 환경을 만드는 것, 이 3가지를 하나로 결합했을 때의 효과는 놀라울 정도로 강력하다.

목적 의식을 갖게 하라

직원들의 마음을 목적 의식성으로 채우는 일도 중요하다. 직원들이 공통된 목적 의식에 뿌리를 두게 만들려면 공동의 북극성$^{North\ Star}$, 즉 공동의 지도 원칙을 가지는 것이야말로 직원의 몰입$^{Employee\ Engagement}$(직원이 회사의 성공을 위해 자발적으로 업무에 몰입하는 것-옮긴이)을 끌어내는 데 필수적이다.

내가 운영하는 회사들에서는 새로운 일을 시도하는 데에 마음이 열려 있는 사람을 채용하는 것이 원칙이다. 언제나 그런 것은 아니지만, 나로서는 채용 때 중요하게 고려하는 사항이다. 직원들 가운데는 밀레니얼 세대(1980년대 초반부터 2000년대 초반에 출생한 세대-옮긴이)도 많은데, 이 세대는 자신이 어떠한 일을 수행할 때 수익보다 더 높은 차원의 목적과 연결되길 바란다. 이들은 잠재력을 발휘할 기회를 원하며, 동기 부여를 확실하게 해주는 성과 보상을 선호한다. 목적 의식성은 우리 시대에 가장 중요한 시장 차별적 요소다. 이는 인재 선발과 보유의 가장 소중한 도구이기도 하다.

이와 관련해서 사우스웨스트 항공사 사례를 살펴보자. 이 항공사는 40년이 넘는 세월 동안 수익을 직원들과 나누었다. CEO인 개리 켈리는 특별히 더 큰 노력을 함으로써 위대한 고객 서비스의 모범을 보인 직원들을 매주 선발해서 상을 준다. 항공사의 기내 잡지 《사우스웨스트 스피릿Southwest Spirit》은 자기 직무 범위를 넘어서까지 많은 일을 한 직원들에 대한 기사를 싣는다. 한편 직원들 사이에서 공유되는 업무 관련 동영상들은 회사의 열정을 강조한다. 목적 의식성에 대한 강조는 이 항공사의 마케팅 활동이 아니다. 모든 직원에게 목적 의식은 일상적인 모든 의사 결정과 행동에 지침을 주는 북극성이다. 이 회사는 예외적인 서비스가 수익으로 이어지도록 함으로써, 기업 문화를 통해 목적 의식성을 관철했다. 또 중요한 사실은, 이 회사는 높은 실적을 올린 직원에게 보상을 베푸는

데 스토리텔링의 힘을 활용하며, 목적 의식성을 직원들의 모든 경력 여정에 단단하게 채워 넣는다는 것이다.

직원의 몰입은 회사의 공통적인 목적 의식성 속에 녹아 있으며 종업원의 내적 열망에 맞춰서 조정된 전략이다. 이 전략을 설계하면, 생산적이고 충성스러우며 높은 성과를 내는 팀들이 자연스럽게 생겨난다.

더 가져라

여기서 더 가져야 한다고 말하는 대상은 바로 '시간'이다. 끌어당긴 부를 계속 유지하려면 충분히 많은 시간을 가지고 부에 대해 생각하고 즐기며, 또 다른 부의 형성을 가능하게 만드는 실천을 이어가야 한다. 그 이유는 부에 대한 감사함을 느끼고, 그 부를 가장 유용하게 사용하는 방법을 결정하며, 부를 유지하는 데 필요한 요소들을 깊이 고민할 수 있기 때문이다. 생각을 하려면 무엇보다 생각할 시간이 필요하다

돈과 돈이 아닌 것까지 모두 포함해서, 가진 것을 누리는 데도 시간이 필요하다. 즉 우리에게는 자유로운 시간이 필요하다. 자유로운 시간이란 물리적으로나 정신적으로 모든 의무에서 벗어날 수 있는 시간을 뜻한다. 이 시간이 있어야 비로소 일에 얽매이지 않고

가족이나 친구와 함께 경험을 즐기며 자기 발전을 꾀할 수 있다. 장기적인 차원의 성공을 위해서는 필수적인 요소다.

부자가 되도록 만들어준 실천을 계속 이어가는 것 역시 중요하다. 직원들이 하는 모든 일에 일일이 간섭하는 식으로 직접 나서서 모든 것을 다 챙기려고 들면 안 된다. 나는 이를 '마이크로매니징'이라고 부르는데, 여기에 시간을 할애하다 보면 목적을 설정하며 시각화를 통해 미래를 그리고, 신체적인 활동성을 유지하면서 영감에 고무된 행동을 할 시간이 없어진다. 즉 부와 기회를 끌어당기는 데 도움이 될 모든 것을 하지 못하게 된다.

일에서 한 걸음 뒤로 물러나 있을 수 없다면, 당신이 쉬지 않고 돈을 좇고 있다는 뜻이다. 하지만 이는 부에서 오히려 멀어지는 결과를 낳는다. 자유로운 시간을 확보하는 것은 최고의 직원들을 선발하고 보유하는 것만큼이나 중요하다. 자유로운 시간을 충분히 확보하려면, 우선 직원들이 하는 일에 일일이 간섭하면서 이래라저래라 참견하지 않아야 한다.

마이크로매니징은 지도자나 기업가, 기업의 고위 경영진이 가지기 쉬운 최악의 습관이다. 이 습관은 직원에게 더 많은 혜택을 주고 자유로운 시간을 더 많이 가지라는 원칙에 어긋난다. 직원들은 번잡스러운 간섭과 절차에 치여서 일을 제대로 하지 못하게 된다. 그뿐 아니라, 이런 상황이 빚어내는 환경은 그야말로 최악이다. 마이크로매니징 스타일에 적응한 집단은 조용한 가운데 반란을 꾀

하거나, 아니면 그야말로 손발이 묶여서 어떤 것도 독립적으로 결정할 수 없는 불행한 처지가 된다. 이런 악순환 속에서는 아무리 보상을 많이 해주어도 생산성과 창의성이 발휘되지 않는다.

마이크로매니징을 하는 사람은 쉬지 않고 여기저기 불을 끄러 바쁘게 돌아다니기 때문에, 오로지 자신만이 할 수 있는 일에 집중하지 못한다. 그렇다면 부를 끌어당기는 데 오히려 반대로 작동하는 마이크로매니징을 하게 되는 이유가 무엇일까? 그 이유는 신뢰 부족에서부터 단순한 경험 미숙까지 다양하다.

나는 모든 회사를 이메일과 전화로 관리한다. 그렇다고 해서 분야가 제각각인 다양한 조직들의 모든 측면을 제대로 지켜보지 않는다는 뜻은 아니다. 전 세계 어디에 가 있든, 내가 운영하는 모든 회사에 어떤 일이 일어나고 있는지 언제나 잘 파악하고 있다. 직원들에게는 좋은 보수를 지불하며 그들이 예상하는 것보다 더 많은 혜택을 줌으로써 끊임없이 동기를 부여하고, 또 그들이 권한을 행사할 수 있도록 한다. 마이크로매니징의 덫에 빠지지 않으려고 직원과 나 사이의 신뢰를 튼튼하게 쌓아올린다.

모든 팀과 모든 부서 그리고 모든 사업부는 함께 일하고 함께 돌아간다. 한 사업부의 한 부서에서 무언가 부족한 점이 있으면, 일일 보고서나 회의 자리에서 그대로 드러난다. 이럴 때는 해결책을 만들고 문제를 처리한다. 성공한 기업의 소유주라고 하더라도 할 일이 없는 것은 아니다.

회사가 지속적으로 번창하려면 평생에 걸친 몰입과 규율이 필요하다. 하지만 헌신적인 팀이 있다면 이 과정은 훨씬 수월해진다. 휘하의 팀을 신뢰할 수 있다면 멀리서도 관리가 한결 쉬워진다. 신뢰는 더 많은 보수와 혜택, 그리고 자유로운 시간을 제공할 때 비로소 생겨나는 눈에 보이지 않는 가치에서 비롯된다는 사실을 잊지 말아야 한다. 이러한 태도가 습관이 되면 부와 행운, 그리고 탄탄한 관계가 자연스럽게 따라올 것이다.

직원 몰입과 수익성을 따로 떼어 바라본다면,
우리는 눈에 보이지 않는
값비싼 비용을 감수해야 한다.
조직의 성장은 결국
사람을 세우는 일에서 시작된다.
다른 사람을 일으켜 세우는 순간,
우리는 그 힘으로 스스로도 더 크게 성장한다.

성공을 빠르게 현실화하는 사람은 '이것'을 알고 있다

　당신이 운영하는 회사가 어떤 산업에 속해 있든, 당신보다 더 나은 경쟁자는 언제나 존재한다. 여기서 말하는 '더 나은'은 바로 경험에서 비롯된다.

　부동산 중개업 시장을 예로 들어보겠다. 이 업계는 경쟁이 매우 심하다. 중개 업체는 많지만 주택이나 건물은 한정되어 있어서 부동산 매매를 하려는 사람을 어떻게든 설득해서 나와 거래를 하게 만들어야 한다. 진입 장벽이 무척 높은 시장이긴 하지만, 진입이 아예 불가능하지는 않다. 경쟁자들보다 낫기만 하면 된다. 잠재적인 고객이 부동산을 팔려고 하거나 사려고 할 때, 어떤 부동산을 개발하려고 할 때 고객이 가장 먼저 '나'를 머리에 떠올리게 하기만 하면 된다. 부동산 시장만이 아니라 어떤 시장에서도 마찬가지다. 자기 회사와 경쟁 업체들 사이의 차별점이 무엇인지 발견하고, 이것을 발판으로 삼아서 번창할 수 있도록 만들어야 한다. 경쟁자들을 뛰어넘으려면 우선 그 시장에서 성공한 사례들을 모방하고, 새로운 요소를 추가하거나 차별성을 꾀하여 자기만의 독특한 특성으로 만들어야 한다.

경쟁자들에 대해 많이 알면 알수록, 그들보다 한발 앞설 가능성이 커진다. 이것이 경쟁에서 우위를 차지하게 만들어주는 요소다. 경쟁자들의 웹사이트, 마케팅 도구들, 판매 촉진 정책들, 구체적인 고객 제안 내용 등을 살피고, 무엇보다 그들이 확보한 최고의 인재들을 연구하라. 탁월한 인재는 단순히 실적만 올리는 게 아니다. 나는 다른 회사들의 운영 방식과 그들의 온갖 비밀, 내부 문제를 연구했고, 또 지금도 하고 있다. 심지어 경쟁 업체의 최고 직원들에게서 직접 배우기까지 하며 그들이 구사한 최고의 성공 전략이 무엇인지 알아냈다.

부동산 사업에 첫발을 디뎠을 때, 다시 말해서 내가 부동산 개발업자로서의 면모를 갖추기 시작할 때 건설이나 건축, 인테리어 설계에 대해서 많이 알지 못했다. 그래서 태국에서 내로라하는 개발업자들 대부분을 연구했다. 난다 긴다 하는 업체들 목록을 정리해서 모두 조사했으며, 그 사람들이 선호하는 시공업자, 건축 업체, 인테리어 업체, 광고 업체가 어디인지 확실하게 알아냈다. 그리고 그들을 모방해서 그들이 거래하는 업체들과 똑같이 계약했다. 최고가 되고 싶으면 최고와 함께 일을 해야 하기 때문이다.

지금도 기억하는데, 그때 나는 머지않아 최고의 개발업자들과 어깨를 나란히 하겠다는 강렬한 열망에 사로잡혀 있었으며, 5년 안에 반드시 아시아태평양부동산상 Asia Pacific Property Award을 받겠다는 목표를 세웠다. 그리고 4년 7개월 만에 목표를 달성했다. 내가 처음 개발해서 성공적으로 분양한 객실 201개짜리 콘도 덕분에 태국 방콕에서 첫 번째 상을 받았다. 사업을 처음 시작할 때부터, 최고의 개발업자가 내는 결과와 비슷한 결과를 내려면 무엇보다도 우선 최고의 인재, 최고의 업체와 손을 잡고 일해야 한다는 사실을 알았다. 내 판단은 틀리지 않았다. 처음 상을 받은 뒤로 9년 동안, 나는 방콕의 바로 그 무대에 8번이나 더 올라가서 내가 지은 거의 모든 건물에 대해서 모든 분야의 상을 수도 없이 받았다.

모방은 성공의 지름길이다

'모방하고 혁신'하는 비법은 부동산 개발업뿐만 아니라 다른 모든 산업 분야에서도 통할 것이다. 최고가 되고 싶다면 바로 최고에게 배우고, 그들의 전략을 수용하고, 그 전략을 자신에 맞게 최적화하라.

모방을 잘하려면 어떻게 해야 할까? 모방은 단순하게, 그리고 소규모로 시작하라. 그리고 짧은 시일 안에 무리해서 롤모델처럼 되려고 하기 전에, 소소한 측면들부터 통달하라. 해답은 거기에 있다. 진정한 성공은 손을 뻗어서 붙잡으려고 하는 사람이면 누구나 붙잡을 수 있다.

내가 거둔 성공의 가장 커다란 비밀은 다른 사람에 대한 모방에 있다. 특정한 유형의 성공을 바란다거나 어떤 구체적인 목표를 달성하려고 할 때, 가장 먼저 해당 분야를 조사해서 최고의 인물이나 업체를 찾아냈다. 설령 그 사람이나 업체가 경쟁자라 해도 원칙은 달라지지 않는다. 그들이 무엇을 했는지, 그 과정에서 제대로 통한 것이 무엇이며 어떤 원리들을 따랐는지 살핀다. 마치 과학 공식을 따르는 것이나 다름없다. 바로 이것이 내가 어린 나이에, 그토록 짧은 기간 안에 업계 정상에 오른 비결이다. 이미 성과가 입증된 과정을 내 상황과 필요성에 맞춰 약간 수정한 다음 그대로 밟아나갔고, 그 덕분에 단기간에 큰 성공을 거두었다.

'블루호라이즌Blue Horizon Development Company'은 내 소유의 부동산 개발 회사이고, 이 회사 덕분에 나는 유명 인사가 되었다. 설립한 지 15년이 지났지만, 이 글을 쓰는 현재 250명 가까운 직원을 두고 있으며, 지금도 계속 성장하고 있다. 2017년 6월, 블루호라이즌은 태국 최고의 부동산 개발 회사로 선정되었고, 아시아태평양부동산상 행사에서는 최고의 신축 호텔 건설 분야와 설계 분야에서 상을 받았다. 2017년 7월에는 태국부동산Thailand Property 및 닷프로퍼티그룹

Dot Property Group에서도 3가지 상을 받았다. 블루호라이즌이 자랑하는 건축물에는 비치 프론트, 스카이라이트 빌라, 시그니처 빌라, 히말라이 오션 프론트 콘도 등이 있다. 우리는 2018년에도 수상 후보에 올랐다.

이 자리까지 오는 데 많은 시간이 걸리긴 했지만, 우리에게 필요한 건 시간만이 아니었다. 최고의 직원들로 구성된 팀도 필요했다. 지금의 블루호라이즌을 나 혼자서 만들었다고는 말할 수 없다. 이 꿈이 실현된 것은 최고의 인재로 채워진 팀이 있었기 때문이다. 내가 세운 회사를 태국 최고의 부동산 개발 업체로 만들겠다는 꿈이 실현된 지금, 나는 이 꿈을 다른 사람들에게도 나눠주려고 한다. 나는 함께 일하며 함께 축하하고 또 계속 성공을 이어가도록 서로를 이끌어주는 거대한 가족을 만들었다. 업계의 선두 주자들과 경쟁자들을 연구함으로써 나는 최고의 자리까지 올랐으며, 또 직원들을 이 환상적인 성공 여정에 함께 하도록 데려올 수 있었다.

멘토를 가져라

업계에서 경쟁자들을 이기는 또 한 가지 방법은 해당 업계 안에서 멘토를 만드는 것이다. 이때 멘토는 여러 가지 다른 형태로 도움을 줄 수 있다. 앞서 나는 아버지에게서 학습과 교육의 재능을 물려받았다고 했는데, 어머니의 재능은 멘토링이었다. 어머니는 네 자녀를 둔 강인한 여성이었으며, 나를 믿고 나에게 언제나 최선을 다해 꿈을 좇으라고 격려해준 유일한 사람이었다. 어머니의 말은 나에게 힘이 되었다. 어머니는 최근에 암과 싸우다 돌아가셨지만, 언제까지고 내 가슴속에 살아 계실 것이다.

윌리엄 워커 앳킨슨, 찰스 F. 해낼, 조 비테일, 나폴레온 힐 등과 같은 저술가들은 내가 올바른 마음가짐을 가지고 부를 끌어당기는 법칙에 통달하도록 이끌어준 멘토들이다. 멘토는 당신이 우러러보는 성공한 감독일 수도 있고, 당신이 모방하려는 업계의 선두주자일 수도 있으며, 언제나 무슨 일이 있든 변함없이 당신을 지지하고 당신에게 동기를 부여하는 가족 구성원일 수도 있다.

멘토는 당신이 언제나 가까이에서 도움을 받을 수 있는 당신의 비밀 무기다. 멘토가 들려준 말들을 적어두고 늘 살핌으로써 도움을 받을 수 있다. 또 친한 친구에게 언제든 전화를 해서 도움말을 청할 수도 있다. 또 멘토로 정한 사람이 동영상을 만드는 사람이라면 언제든 그 동영상을 보면서 도움을 받을 수도 있다. 핵심은 언제든 어떤 멘토와도 빠르게 연결되어, 앞으로 나아갈 동기와 영감을 얻을 수 있다는 점이다.

멘토십 컨설팅 업체 마이크로멘토(MicroMento)가 고객을 대상으로 설문 조사를 했는데, 조사 결과 멘토링을 받는 기업의 83퍼센트가 창업 이후 2년 이상 살아남았다. 그에 반해 멘토링을 받지 않은 기업의 2년 생존율은 74퍼센트밖에 되지 않는 것으로 나타났다. 또 멘토링을 받는 기업은 그렇지 않은 기업에 비해서 신제품 출시를 한결 수월하게 하며, 매출 증가 폭도 더 큰 경향이 있다는 사실도 확인되었다.

멘토의 지도를 받으며 다른 기업의 성공 사례를 모방하는 것만큼 빠르게 성공에 다가가는 방법은 없다. 멘토는 '이미 모든 것을 경험했고, 도전을 이겨냈으며, 결국 해낸 사람'이다. 그렇기 때문에 멘토를 곁에 둔다는 것은, 그들이 겪었던 시행착오와 혁신 속에서 귀중한 교훈을 배울 수 있다는 뜻이다. 멘토는 자신이 쌓아온 지식과 경험을 통해 당신이 목표에 조금 더 빨리 도달할 수 있도록 돕는다.

물론 당신이 혼자의 힘으로 모든 것을 해낼 수도 있다. 그러나 인생은 결코 혼자 살아갈 수 있는 것이 아니다. 당신 곁에 본보기로 삼을 누군가가 있다는 것, 당신에게 늘 최선을 다하고 싶다는 마음을 불러일으키는 존재가 있다는 것 자체가 경쟁자들에겐 없는 강력한 자산이 될 수 있다.

이 책은 바로 그런 '빠른 성공'을 향해 달려가는 과정을 보여주는 살아 있는 사례다. 나는 나 자신의 성장을 위해서, 그리고 우리 회사 직원들에게 동기를 부여하기 위해 조 비테일을 멘토로 삼았다. 그는 나를 만난 직후 곧바로 멘토 역할을 자처했고, 내가 책을 써야겠다는 아이디어를 떠올릴 수 있도록 도와주었다. 뿐만 아니라, 집필에서 출간까지 어떤 단계를 밟아야 하는지 구체적으로 안내해주었고, 출판사와 마케팅 전문가, 출판계 인맥까지 연결해주었다.

조 비테일은 나에게 책 출간의 전 과정을 몸소 보여주었고, 나는 그 과정을 충실히 모방했다. 그가 제시한 성공 공식을 내가 실행할 수 있는 범위 안에서 최대한 정확하게 따랐다. 어떤 사람은 한 권의 책을 쓰는 데 몇 년, 어떤 경우엔 수십 년이 걸리기도 한다. 그러나 나는 6개월 만에 완성할 수 있었다. 그 모든 것은 '모방'과 '멘토링'의 힘 덕분이었다.

당신은 어떤 사람이 되고 싶은가?
원하는 모습이 있다면,
이미 그 길을 걸어 성공한 사람을 찾아라.
그리고 그 사람이 했던 것을 배우고 실천하라.
멘토의 가장 큰 가치는
멘티가 보지 못하는 가능성을 미리 보고,
그가 목적지에 도달할 수 있도록
올바른 항로를 잡아주는 데 있다.

HOMELESS to BILLIONAIRE

사람에 투자하는 것이
최고의 끌어당김 전략이다

사람을 채용하는 일은 어렵다. 그러나 유능한 인재를 회사에 계속 머물게 하는 것은 더 힘들다. 유능한 인재가 회사에 계속 남아 있게 하려면 그 사람이 성장하도록 도와야 한다.

내가 처음 회사를 시작했을 때, 위대한 성공의 달인들을 찾아 연구했다. 그들이 쓴 책을 읽고, 강연 영상을 보고, 또 가끔은 그들이 마련한 세미나에 직접 참석하기도 했다. 나폴레온 힐, 조 비테일, 브라이언 트레이시, 잭 캔필드 같은 사람들에게서 배울 수 있는 것이라면 최대한 다 배웠다. 책을 펼쳐두고 연구했고, 요점을 정리했으며, 영감을 일깨우는 소중한 문구들을 적어 최대한 내 것으로 만들려고 노력했다.

이 과정이 지나자, 어느 순간 나 자신도 누군가의 멘토가 될 준비가 되었다는 느낌이 들었다. 이후 회사 안에서 직원을 상대로 하는 소규모 강의를 열었다. 또 직원이 새로 들어올 때마다 내가 성공 서적들을 읽으면서 중요하다고 여겼던 것들을 알려주려고 노력했다. 비록 서툴고 어색했지만, 그들이 한 번도 들어보지 못했을 정보를 나름대로 최선을 다해서 전했다. 사람들 앞에 나서서 이야기를 재미있게 풀어나가는 재주는 없지만, 내 열정이 그런 약점을 충분히 상쇄했다.

그동안 배운 모든 지식을 직원들에게 나누어주면서 그들이 성공하길 기원하는 이 단순한 행위는, 놀랍게도 직원들에게 영감을 불어넣었다. 직원들은 내가 어디에서 그런 지식을 습득했는지, 내가 읽은 책을 살 수 있는지 묻기 시작했다. 오늘날 세상은 거짓된 믿음의 늪에 빠져 있다. 많은 사람들이 학교만 졸업하면 더 이상 배울 것도, 배워야 할 이유도 없다고 생각한다. 더 나아가 자기 계발조차 필요하지 않다고 믿는다. 그러나 이는 명백한 착각이다. 우리는 오히려 학교를 졸업한 이후에야 비로소 자신에 대해, 그리고 자신 안의 무한한 잠재력에 대해 진짜로 배우기 시작한다.

뚜렷한 목적과 이유를 지닌 직원은 한층 높은 생산성을 발휘한다. 더 나은 사람이 되려고 노력하는 직원은 조직에 헌신적이고 에너지가 넘치며 일에 열정적으로 매달린다. 내가 직원을 채용할 때마다 한 사람의 인간으로서 그들에게 목표가 있는지, 그 목표가 무엇인지 묻는 이유도 바로 여기에 있다. 나는 그들이 자신의 목표에 관해 말하는 걸 듣는 것을 무척 좋아한다. 직원이 자기 목표는 이러저러하다고 말하고 나면, 나는 그 직원이 한껏 더 힘을 낼 수 있게 도움이 되는 추가 질문을 한다.

"그 목표를 달성하기 위해서 이번 주에 무엇을 할 수 있다고 생각합니까?"

"이번 주가 아니라 이번 달, 그리고 올해에는 무엇을 할 수 있다고 생각합니까?"

직원들에게 지금 당장 목표를 향해 실행할 수 있는 행동이 무엇인지, 그리고 큰 목표를 이루기 위해 앞으로 몇 달 안에 달성할 수 있는 작은 성과나 단계적인 목표가 무엇인지 보여주는 것이다. 이런 유형의 질문은 특정 보고서가 필요하거나 정해진 시한 안에 반드시 끝내야 할 과제가 있을 때 특히 효과적이다. 나는 직원들에게 어떤 과제를 내일까지 끝내라고 말하지 않고 이렇게 말한다.

"이 일을 내일까지 끝내려 한다면 당신이 지금 당장 할 수 있는 일이 무엇이라고 생각합니까?"

그러면 직원은 올바른 대답을 하거나, 아니면 '내일까지는 끝낼 수 없지만 모레까지는 마무리할 수 있다'고 솔직하게 답할 수도 있다. 이 질문을 통해 모두가 함께 참여해 해법을 찾아내는 환경이 조성된다. 이것이 바로 직원에게 투자하는 한 가지 방식이다. 과제를 어떤 방식으로 해결할지 직원들에게 질문을 던짐으로써, 그 과정 자체에 깊은 관심을 가지게 된다. 이러한 질문과 답변 과정을 통해 직원들은 더욱 솔직하고 겸손해지며, 자신의 과제 해결 방식에 큰 책임감을 느낀다. 이렇게 형성되고 강화된 신뢰 관계는 추진하는 모든 사업을 성공으로 이끄는 힘이 된다.

좋은 사람에게 투자하라

넨니는 내 곁에서 항상 나를 보조해온 직원이다. 사업을 시작한 초창기부터 지금까지 변함없이 함께였다. 그녀를 처음 본 순간, 나는 본능적으로 느꼈다. 어떤 일이든 그녀가 판도를 뒤집는 중요한 역할을 해낼 사람이라는 것을 말이다. 하지만 단 하나의 문제가 있었다. 그녀는 이미 다른 일자리를 가지고 있었고, 그 일을 포기할 생각이 전혀 없었다는 것이다.

한동안 나는 넨니를 설득하려고 노력했다. 나와 함께 일을 하면 월급도 더 많이 주고 휴가 일수도 더 많이 보장해주겠다고 했지만, 내 제안은 번번이 정중하게 거절당했다. 당황스러웠다. 월급을 더 많이 주겠다는데 왜 내 제안을 거절할까? 그래서 한번은 저녁을 같이 먹기로 했다. 함께 식사하며 저녁 시간을 보내면서 넨니가 인생에서 소중하게 여기는 것이 무엇인지, 또 가장 두려워하는 것은 무엇인지 알아보기 위해서였다.

그렇게 해서 알아낸 사항은, 넨니의 딸이 태국이 아닌 다른 나라에서 공부하고 있으며, 그녀는 혹시라도 딸의 유학 뒷바라지를 못하게 될까 봐 두려워하고 있다는 것이다. 딸과 가까이 있으면서 딸의 교육을 보살피는 것, 이것이 넨니에게는 가장 큰 관심사였다. 월급을 조금 더 많이 받는 것에는 관심이 없었다. 어떻게 하면 딸의 인생에 자기가 조금이라도 더 도움이 될까 하는 생각에만 골몰했다.

넨니는 당시의 일자리에 헌신적으로 전념했다. 그렇게 하는 것이 딸의 미래에 가장 바람직하다고 믿었다. 모든 것이 오로지 딸에게만 초점이 맞추어져 있었다. 내가 아무리 휴가 일수를 많이 보장해주어도 딸을 정기적으로 만날 수 없다는 사실은 달라지지 않았다. 월급을 많이 받아도 딸에게 더 가까이 다가갈 수 없었다. 그러니 그녀로서는 굳이 직장을 바꿀 이유가 전혀 없었던 것이다. 아무리 봐도 현재의 직장보다 더 안정적인 직장은 없었다. 넨니는 자신의 일자리에서 안정성을 보장받고 있었다. 그 일자리를 지키는 한 딸의 유학 뒷바라지를 하는 데는 아무런 문제가 없었다.

나로서는 어떻게든 넨니를 우리 회사의 이사로 영입해야만 했다. 여러 가지 점에 비추어봤을 때, 회사가 성장하려면 그녀는 꼭 필요한 사람이었다. 결국 파격적인 대우를 해서라도 넨니를 붙잡아야겠다고 마음먹었다. 그 파격적인 대우를 투자라고 생각했다. 넨니를 영입하는 것이야말로 장기적인 성공의 초석이라고 보았다.

그런데 어느 순간 내가 서두르고 있음을 깨달았다. 당장 넨니의 신뢰를 얻으려고 안달했던 것이다. 그래서 시간을 들이더라도 넨니를 더 많이 알아야겠다고 생각했고, 대화를 통해 넨니 모녀 관계의 구체적인 내용까지 알게 되었다. 그리고 나서야 비로소 넨니에게 장기 계약을 제안할 수 있었다. 우리 회사에 와서도 헌신적으로 일하겠다고 약속한다면, 딸이 태국으로 올 때의 여행 경비뿐만 아니라 18살이 될 때까지 다닐 국제 학교의 등록금까지 부담하겠다고 했다.

이런 결정을 두고 위험한 판단이라며 고개를 갸웃하는 사람들도 있었다. 그들은 넨니의 딸이 태국으로 돌아올 때의 여행 경비와 학교 등록금까지 모두 부담했는데도 넨니가 약속을 지키지 않고 다른 회사로 가버리면 어떻게 하겠느냐고 했다. 물론 얼마든지 일어날 수 있는 일이었다. 직원 자녀의 교육비는 회사 자금의 올바른 사용처가 아니라고 말하는 사람들도 있었다. 그러나 나는 그렇게 생각하지 않았다.

보통 기업의 소유자들은 어디에 얼마를 투자할까? 대부분의 기업이 커다란 효용을 가져다주리라 생각하며 투자하는 부분은 다음과 같다.

- 가장 최근에 자리를 비우고 떠난 직원보다 더 나은 자격을 갖추었다고 생각되는 신입 직원을 채용한다.

- 가장 최근에 자리를 비우고 떠난 직원보다 더 나은 자격을 갖추었다고 생각되는 신입 직원을 채용한다.
- 신규 고객이 신규 고객을 확보하는 데 들어간 비용보다 더 많은 수익을 안겨줄 것이라 믿으면서 신규 고객을 모집한다.
- 직원들이 회사에 만족하도록 만들어서 이직률을 낮출 목적으로 인사 관리 전문가를 채용한다.
- 직원들이 회사를 떠나지 않고 보다 나은 성과를 올릴 것이라 기대하면서 직원들에게 높은 수준의 교육 훈련을 시킨다.
- 직원들이 장기적으로 보다 높은 생산성을 발휘할 거라고 믿으면서 성과급을 보상으로 제공한다.
- 직원들의 생산성 및 제품 품질이 개선될 거라고 기대하면서 신기술에 투자한다.

이 모든 투자는 사실 직원이 개인적으로 가장 중요하게 여기는 관심사에 투자할 때와 동일한 위험을 안고 있다. 2가지 방법 모두 처음 기대하던 효과가 발생하지 않을 수 있다는 말이다. 투자에는 위험이 따를 수밖에 없다. 그러니 투자 자체에 가치를 부여해야 한다. 나는 기술이나 인프라에 투자하는 것보다 직원에게 투자하는 것이 내가 설정한 법칙, 즉 돈을 끌어당기는 일에 더 잘 들어맞는다고 믿는다.

오랜 세월 동안 넨니와 나는 *끈끈한 신뢰의 유대감*을 형성해왔고, 그 덕분에 스트레스가 극심할 때마다 넨니에게 의지할 수 있었다. 나는 넨니가 누구보다도 회사를 위해 노력하고 있음을 안다. 넨니는 현재 우리 회사에서 최장기 근속자로 근무 중이다.

나는 직원을 새로 채용하면, 그가 스스로 목표를 설정하도록 돕고 그 목표를 달성할 수 있도록 내가 무엇을 지원할 수 있을지 살핀다. 이렇게 할 때 직원들은 내가 그들에게 진정한 투자를 하고 있음을 깨닫는다. 나는 직원이 설정한 목표를 사무실 벽에 적어두고 모든 직원이 서로의 목표를 확인하고 응원할 수 있도록 한다. 이런 상호 지원은 또 다른 차원의 투자다. 팀 구성원들은 서로의 목표 달성을 돕기 시작하고, 그 과정에서 열정이 자극되기 때문에 회사는 자연스럽게 비약적인 성장을 이룬다. 직원들이 행복하게, 인생 전반에서 성공을 향해 달려가는데 회사가 성장하지 않는다면 오히려 이상한 일이다.

직원과 팀에 이렇게 깊이 투자하면, 목표가 금전적인 것이든 새로운 기회나 경험과 관련된 것이든 한결 쉽게 달성된다. 나는 직원들이 내가 그들에게 무엇을 기대하는지 분명히 깨닫게 하고, 그들이 회사에서 얼마나 중요한 존재인지 체감할 수 있도록 노력한다. 또한 근무 외 시간의 삶이 더 나아져 근무 시간에 더 집중하고 성과를 낼 수 있도록 다양한 방안을 마련한다. 나는 이를 '윈윈 관계'라 부르며, 내가 운영하는 모든 회사에 이러한 관계가 뿌리내리고 있다는 사실에 큰 자부심을 느낀다. 우리 회사는 모든 사람이 서로 연결되어, 위대한 성공을 이루기 위해 서로 격려하고 함께 성장한다.

결국 진정한 성장은 돈이 아니라 사람에게 투자할 때 시작된다. 자본은 일시적으로 회사를 움직이지만, 열정과 신뢰로 묶인 사람들은 회사를 오래도록 전진하게 만드는 원동력이다. 사람을 우선으로 생각하고 그들의 꿈과 성장을 지원하면, 그 에너지가 곧 회사의 부와 성공으로 되돌아온다. 돈은 사람을 키울 때 자연스럽게 따라오는 결과물이지, 그 자체가 목적이 될 수 없다. 나는 언제나 돈보다 사람에게 투자하는 것이 최고의 전략이며, 장기적으로 가장 큰 부를 만들어내는 법칙임을 믿는다.

"당신이 나를 들어 올려주면,
내가 당신을 들어 올려줄 것이다.
그러면 우리 두 사람은 함께
더 높은 곳으로 올라갈 것이다"라는 속담처럼
직원이 더 나은 성과를 올릴수록
그들의 삶도 한층 더 큰 성취로 이어진다.
결국 함께 성장하는 조직이
가장 강하고 오래 지속된다.

미래를 현재로 끌어오는 주문
: Do-Be-Go-Have

인생은 단 한 번이다. 제대로만 산다면 인생은 이 한 번만으로도 충분하다. 그래서 나는 한 번뿐인 인생을 후회 없이 살다 가려고 끊임없이 노력한다.

1년 내내 맑은 햇살이 비치고, 환상적인 음식이 널려 있으며, 낙천적인 문화가 펼쳐지는 태국에서 사는 즐거운 인생, 이것이 내가 스톡홀름의 어두운 뒷골목을 헤맬 때 꾸었던 꿈이다. 결코 우연히 태국에 정착한 것은 아니다. 태국에 가는 데 꼭 필요한 항공권과 버스 승차권을 구하려고 일을 했다. 또 태국에 도착해서는 내가 꿈꾸던 미래를 튼튼하게 쌓아올리는 일에 초점을 맞추고 집중했다. 그러다 보니 애초에 상상하던 것보다 훨씬 더 멀리 나아갔다. 이런저런 사업을 하며 실패했다가 다시 일어서길 반복한 끝에 지금 이

자리까지 왔다. 지금은 태국에서 마음 가득 자부심을 가지고 살고 있다. 그뿐만이 아니다. 나는 다른 사람들을 위한 화려한 휴가 여행지를 개발하는 일도 하지만, 푸껫에서 마치 하루하루가 휴가인 것처럼 살겠다는 특별한 목표도 가지고 있다. 나는 태국의 수많은 백사장에서 많은 시간을 보냈으며, 안다만해를 항해하고 다이빙을 즐겼다. 또 따뜻한 햇볕을 받으며 태국의 산들을 오르기도 좋아한다. 해가 지고 나면 길거리 좌판에서부터 별점이 높고 전망이 환상적인 레스토랑에 이르기까지, 푸껫의 유명한 먹거리가 내 눈앞에 화려하게 펼쳐진다. 나는 인생을 풍성하게 살기 위해 멀리 여행할 필요는 없다는 사실을 일찍 깨달았다. 당신도 마찬가지다. 지금 이 자리에서, 지금 당장 시작할 수 있다. 이를 위해 지금부터 내가 설명할 하라^{Do}, 되어라^{Be}, 가라^{Go}, 가져라^{Have}의 법칙을 실행해보자.

미국의 전설적인 헤비급 권투 선수 마이크 타이슨과 인터뷰를 한 적이 있다. 그에게 세계 챔피언이 될지 언제 알았느냐고 묻자 그는 14살 때라고 대답했다. 아직 데뷔도 하기 전이었지만, 비록 마음속에서라도 성공한 미래를 상상하는 것이 얼마나 중요한지 그는 잘 알았다. 14살에 이미 세계 챔피언이 되었을 때의 느낌이 어떤지 알았던 것이다. 링 위에서 상대를 연이어 쓰러뜨리는 모습을 상상했고, 마침내 헤비급 챔피언 벨트를 두른 자기 이름을 연호하는 사람들의 외침을 들었으며, 세계 최고가 되었다는 자부심을 느꼈다. 그는 자기가 이룩하게 될 업적을 상상하면서 일주일에 5일씩 훈련을 했고(Do), 할 수 있는 모든 경기에 다 나서는 선수가 되었으며(Be), 더 많은 타이틀을 따기 위해 싸우기 두려운 상대와 대적하러 링 안으로 뛰어들었고(Go), 자신감과 목적의식을 가지고 승리와 패배와 비판, 칭찬으로 점철되는 권투계와 연예계의 경력을 끝내 자기 것으로 만들었다(Have). 이렇듯 '하라, 되어라, 가라, 가져라'의 법칙을 정리해보면 다음과 같다.

- 부와 무제한의 기회를 당신 인생으로 끌어당기는 데 필요한 행동을 하라.
- 당신의 미래가 현실로 이루어지도록 초점을 맞추는 사람이 되어라.
- 익숙한 환경에서 벗어나라. 기꺼이 위험을 무릅쓰고, 자기 자신을 믿으며 목표를 향해 가라.
- 할 수 있다는 자신감과 믿음을 가져라.

살기 위해 일하지 말고
즐기기 위해 살아라

『부자 아빠 가난한 아빠』의 저자 로버트 기요사키는 "쥐들이 벌이는 경주에서 빠져나와라"라고 말한다. 나는 내 시간과 돈을 여행과 휴가 그리고 가까운 친구들과 가족 및 직원들과의 관계를 돈

독하게 만드는 이벤트에 쓴다. 나는 내가 마음대로 쓸 수 있는 소득을 경험을 공유하는 데 대부분 쓴다. 여유가 있을 때마다 '쥐들이 벌이는 경주'에서 벗어나서 살고 또 가까운 사람들과 함께 모험을 하면 많은 것들이 저절로 얻어진다. 예를 들면 다음과 같은 것들이다.

- 나는 가장 열정적인 인생을 살아간다.
- 나는 다른 사람들이 보다 더 크게 생각할 수 있게 영감을 불어넣는다.
- 나는 내가 주변 사람들을 얼마나 소중하게 여기는지 그 사람들에게 보여준다.
- 나는 사람들이 내 곁에 좀 더 가까이 다가오게 만듦으로써 보다 더 나은 지도자가 된다.
- 나는 충분히 동기 부여되고 충성스러운 직원들이 재충전의 시간을 가진 뒤, 더 높은 단계의 성공을 준비하며 회사로 돌아오도록 하여 생산성을 높인다.
- 나는 개인적인 차원뿐 아니라 사업적인 차원에서도 더 크게 사고하고, 현실에 더 집중하며, 더 많은 부의 기회를 끌어당길 수 있도록 영감을 주는 일생일대의 경험들을 한다.

나는 내가 운영하는 모든 회사에 '일생에 단 한 번'이라는 문화를 만들었다. 우리는 누구도 시도하지 않았던 독특한 사업을 전개하고, 그 누구도 거두지 못한 성공을 이루며 이를 서사적으로 축하

한다. 아무리 많은 봉급도 이런 특별한 문화가 주는 경험을 대신할 수 없다. '일생에 단 한 번'의 문화는 직원들의 충성심을 강하게 키운다. '일생에 단 한 번'의 혜택을 제공하는 '단 한 번뿐인' 일자리는 금전적으로나 경험적으로 누구에게나 매력적이다.

우리 팀이 또 다른 모험을 시작할 때 사람들은 종종 우리를 미쳤다고 말한다. 그러나 우리는 혁신가라 불린다. 태국에서 가장 생산적이고 자신감 넘치며 성공적인 기업들을 세워왔기 때문이다. 우리 회사들은 지금까지 국내외에서 수많은 상을 받았고, 앞으로도 그 명성은 계속될 것이다.

나는 사람들에게 태국의 여러 해변에서 몇십억 달러를 번 기업의 소유주로 기억되고 싶지 않다. 나는 사람들이 나에 대해 이렇게 말하기를 바란다.

"안드레스는 인생을 살면서 사람들과 함께 여러 가지 최고의 추억을 만들어낸 리더였다. 그는 선한 영향력을 발휘했다. 그는 선함의 힘을 가지고서 세계에 어떤 변화를 만들어내는 데 기여했다."

이런 시각화는 무척 매력적이어서, 개인적인 삶이나 기업 운영에서 의사 결정을 하거나 방향을 정할 때도 중요한 지침으로 작동한다. 이 시각화 기법을 직원들에게 지금까지도 계속 권하고 있으며, 덕분에 직원들은 한층 깊은 차원에서 나를 신뢰한다. 내가 새로운 아이디어를 제시하거나 어떤 프로젝트의 방향을 바꾸면, 직원들은 설령 내가 무엇을 하는지 잘 이해하지 못한다고 하더라도 고객과 협력 업체, 그리고 직원들을 위한 최선의 방향을 찾았을 것이라고 믿어준다. 직원들이 보여주는 신뢰는 갑작스러운 역풍이 불어닥칠 때나 경기가 시들해질 때 특히 도움이 된다. 우리 회사 직원들과 팀들은 "사장이라는 사람이 절차를 무시하잖아"라거나 "사장이 무언가 사심을 가지고 있어"라거나 "사장은 우리 말을 듣지도 않아"와 같은 결론을 성급하게 내리지 않고, 나를 온전히 믿고 모든 것이 다시 성공을 향해 나아가도록 팔을 걷어붙이고 나서서 나를 돕는다. 그들은 나의 동기를 믿으며, 이 동기는 우리 회사 조직의 구석구석에까지 녹아 있다.

성과에 대한 인정은 큰 소리로 하라

중요한 것은 지금 당신이 가진 회사의 규모가 어떻든, 이를 상관하지 않고 당장 행동에 나서는 일이다. 그런데 내가 사업에서 성공한 이야기를 할 때마다 들려오는 비판의 소리도 있다.

"당신 회사는 크고 돈도 많잖아요. 그런 얘기는 이제 막 창업한 회사나 규모가 작은 회사에서는 어림도 없습니다."

내가 제시하는 방법은 사실 현금 보유액과 전혀 상관이 없다. 하지만 이런 비판은 오히려 내 법칙이 적은 자원으로도 큰 가능성을 열어줄 수 있다는 걸 설명하고 입증할 자리를 만들어주는 셈이기 때문에, 솔직히 나는 이런 말이 무척 반갑다.

'일생에 단 한 번'이라는 문화는 회사가 자산을 얼마나 많이 보유하고 있느냐 하는 문제가 아니다. 중요한 것은 보다 근본적인 기업 문화를 다지는 데 있다. '하라, 되어라, 가라, 가져라'의 법칙을 기업주의 입장에서 적용해보자.

먼저 직원들을 하나로 묶어주는 행동을 장려하라(Do). 그리고 기업 전체가 나서는 어떤 활동이 진행되는 동안에 나타나는 긍정적인 감정들에 초점이 맞추는 사람이 되어라(Be). 위험을 무릅쓰고서라도, 직원 모두의 기대치를 훌쩍 뛰어넘을 만한 목표를 향해 가라(Go). 마지막으로 직원들이 자신의 맡은 일을 잘 수행하고 공동의 목표를 이룰 수 있을 것이라는 믿음과 자신감을 가져라(Have).

이처럼 직원들에게 '일생에 단 한 번'의 효과를 불어넣고, 그들이 일터에서 행복을 찾을 수 있게 하려면 어떻게 해야 할까? 우선 첫 번째는 공공의 목적을 찾도록 돕는 것이다. 나는 자원봉사 활동을 무척 좋아한다. 이런 활동이야말로 진동하는 나눔의 최고 형태다. 자원봉사는 긍정적인 마음가짐으로 들어서는 환상적인 길이며, 함께하는 사람들의 사기를 믿을 수 없을 정도로 높여준다. 앞에서도 확인했지만, 선행을 베풀 때 긍정적인 효과가 많다는 사실은 과학적으로도 입증되었다. 그러니 자기가 속한 지역의 공동체에 도움을 주는 일을 마다할 이유가 있을까?

다국적 컨설팅 회사인 딜로이트Deloitte는 직원 몰입의 최고 형태는 직원이 자기가 하는 일에서 공공의 목적을 발견하도록 돕는 데서 나온다고 말한다. 다시 말해, 경험을 공유하는 밀접한 관계를 만들어내는 게 중요하다는 뜻인데, 사실 여기에는 돈이 별로 많이 들지도 않는다. 다음의 사례를 살펴보자.

네덜란드 보험사 에이온Aon의 파트너로서 종업원 경영 참여 활동 분야에서 일하는 돈 맥퍼슨은 이에 대해 다음과 같이 말하기도 했다.

"우리는 모두 자기 삶의 의미를 찾고 있으며, 공동체에 기여하며 사회적 책임을 다하는 조직에서 일하고 싶어 한다."

콜린 마틴은 정유 공장에서 온종일 기계의 눈금을 바라보는, 지겹기 짝이 없는 일을 하는 파트타임 노동자들을 관리한다. 그는 다음과 같이 말했다.

"이 사람들에게 정해진 일이 아닌 다른 일을 시키면, 그들은 기쁜 마음으로 한다. 회사가 자기에게 신경 쓰고 있음을 알고 고마워하기 때문이다."

마틴은 그 일을 조금이라도 덜 지루하게 해주려고 직원들에게 색다른 서비스 분야의 프로젝트를 수행할 기회를 주기 시작했다. 해비타트 포 휴머니티Habitat for Humanity(집 없는 사람들에게 거주 시설을 제공하는 비영리기관-옮긴이) 활동의 일환으로 집을 짓는 일에 동참하거나, 중동에 있는 장병들에게 위문편지를 쓰거나, 보육원에 있는 아이들에게 재능을 기부하는 등의 활동을 할 수 있도록 해주었다. 이는 종업원 경영 참여 및 문화 기획의 대표적인 사례다.

보상과 인정은 일터를 생기 넘치게 만드는 또 다른 요소다. 예를 들어, 디즈니의 직원들은 고객 경험이 무엇보다 중요함을 잘 안다. 이들은 자기가 하는 일과 고객이 느끼는 감정이 매우 직접적으로 연결되어 있다고 말하며, 고객에게 특별한 경험을 만들어주려고 특별한 노력을 한다. 이들은 자기에게 주어진 일을 한층 더 잘 수행함으로써 고객 경험에 자기가 집단적으로뿐만 아니라 개인적으로 기여하는 부분까지 인정받는다.

그러나 선물이나 보너스가 아무런 팡파르도 없이 무성의하게 전달되는 경우가 너무도 많다. 텔레마케터로 일하던 첫 직장에서는 '○월의 우수 직원'이니 '판매왕'이니 하는 이름으로 보상을 하면서도 그저 현금을 몇 푼 건네주는 게 전부였다. 특별한 이벤트라는 게 없었다. '일생에 단 한 번'이라는 감정을 느낄 구석이 전혀 없었던 것이다. 타코벨과 KFC, 그 밖의 여러 식당 체인점을 거느리는 모기업 얌 브랜드Yum Brands Inc.에 관한 책을 읽으면서 나는 우리만의 독특한 근무 환경을 만들어야겠다는 생각을 했다. 얌 브랜드에서는 성과가 좋은 직원에게 보상할 때 탬버린, 뿔피리, 방울 등을 동원해 분위기를 돋운다. 한 달에 한 번씩 돌아가면서 회사의 리더가 맨 앞에 서서 직원 한 무리를 이끌고 음악을 연주하면서 회사가 있는 건물을 한 바퀴 도는 퍼레이드를 벌이기도 한다. 이 퍼레이드는 그달에 가장 큰 성과를 올린 팀의 노력을 높이 평가하고 기림과 동시에 우수 직원으로 선발된 직원 예닐곱 명에게 보상해주기 위한 이벤트다. 이 퍼레이드가 시작되면 수십 명의 구경꾼들이 모여드는데, 자기 이름을 내걸고 퍼레이드를 벌일 기회가 우리 인생에서 과연 몇 번이나 있겠는가?

얌에는 약 150만 명의 직원이 소속되어 있다. 이 회사에서 누군가를 인정한다는 것은 회사 전체 차원에서 매우 중요한 행사로 여겨진다. 각 지역의 리더들은 자신이 직원에게 제공하려는 보상이 해당 지역의 문화적 특수성 속에서 어떻게 받아들여질지를 신중히 고려한 뒤, 보상의 대상을 선정한다. 보상으로 제공되는 선물 자체는 어디에서나 쉽게 구할 수 있는 평범한 물건일 수 있다. 예를 들어, 망토, 선글라스, 알베르트 아인슈타인 흔들머리 인형, 수다 떠는 이빨chattering teeth 등이 있다. 그러나 핵심은 물건이 아니다. 인정과 보상이라는 행위 뒤에 담긴 감정이 가장 중요하다. 직원들이 상상도 하지 못했던 방식으로 그들을 인정하고 기쁘게 하기 위해 회사와 리더가 특별한 노력을 기울인다는 점, 바로 이것이 의미 있는 가치이다.

갑작스러운 행복을 선물하라

인정과 보상 외에도, 직원들의 사기를 높이고 행복한 일터를 만들려면 즉흥적인 이벤트도 좋다. 깜짝 선물을 누가 좋아하지 않겠는가? 마음에서 우러나는 단순하고 즉흥적인 행위 하나로 그 행위의 대상이 되는 사람은 충분히 행복해진다. 그 행위에서 비롯되는 결과는 오히려 부차적이다. 즉흥적인 이벤트의 목표는 갑작스러운 행복감을 만들어내는 것이다. 갑작스러운 행복감은 대부분 실제 생활에서 경험하지 않는 것이므로 특별할 수밖에 없다.

깜짝 점심 식사, 단체 심야 영화 관람, 아침 회의에서 나누는 깜짝 다과, 일과 시간 도중에 갑작스럽게 마련된 소풍 등이 즉흥적인 이벤트라고 할 수 있다. 회사 사장이거나 관리자인 당신이 금요일 오후에 직원들에게 1시간 일찍 퇴근하라고 말한다고 치자. 직원들이 어떤 반응을 보일지 상상해보라. 직원들을 위해서 평소에 하지 않던 일을 하기로 한 당신의 결정이 미치는 효과는 오랫동안 지속될 것이다.

직원들에게 행복을 줄 수 있는 요소는 더 있다. 솔직하게 터놓고 얘기해보자. 아무리 일을 사랑하는 직원이라도 휴가를 기대할 것이고, 어떤 목적에서든 개인적인 볼일을 위해 하루를 쉬어야 할 수도 있다. 당신이 관리자나 사장이라면 직원들이 정당한 휴가를 쓸 때 죄의식을 느끼게 하지 마라. 직원에게 정신적으로 재충전할 시간을 줘야만 직원이 참신한 발상을 떠올리며 성과를 낼 수 있다.

중소기업 대상 온라인 대출 업체인 캐비지Kabbage는 편안하고 협력적인 근무 환경을 마련하기 위해 지속해서 노력하는데, 직원들 사이에서는 웃음이 끊이지 않는다. 초과 근무에 대해 무제한으로 보상하고 1년에 6주의 안식 기간을 설정하고 있으며, 사내 명상 강좌와 현장 강의를 진행하는 등 직원 복지 혜택이 수도 없이 많다.

구인 구직 웹사이트 업체인 글래스도어Glassdoor에서는 '휴가가 중요하다'라는 캠페인을 실시하는데, 이 캠페인에 따라서 직원들은 휴가가 한꺼번에 몰리는 상황을 전혀 걱정하지 않고 자기 일정에 맞춰 휴가 기간을 정한다. 시급을 받는 직원들은 최대 3주까지 유급 휴가를 받을 수 있으며, 게다가 이틀을 플로팅 홀리데이Floating holiday(직원이 원하는 날을 자유롭게 선택해서 쓸 수 있는 휴일-옮긴이)로 사용할 수 있고, 분기별로 하루씩은 본인 선택에 따라 비영리 기관에 자원봉사를 하면서 유급 휴가를 쓸 수 있다.

무제한 유급 휴가나 유연 휴가 제도Flexible time off는 직원들이 일과 삶의 균형을 찾는 데 효과적인 해결책이 될 수 있다. 물론 상황에 맞는 명확한 지침이 필요하고, 직원들 또한 이 제도를 남용하지 않아야 한다. 하지만 실제로 대부분의 경우, 직원들은 정해진 휴가 일수보다 오히려 적게 휴가를 사용하는 경향이 있다.

루이스빌대학교 조직 발전 분야 조교수 브래드 슈크는 직원의 미래에 투자하는 기업일수록 더 높은 수준의 직원 몰입을 기대할 수 있다고 주장한다. 팀버레인 사$^{Timberlane,\ Inc}$에서 실시하는 중요한 정책 중에 교차 훈련$^{Cross-training}$이 있다. 이는 직원들에게 자기 직무 이외의 다른 직무를 교육함으로써, 각 부서의 업무가 어떻게 돌아가는지 한층 잘 이해하게 만든다. 예를 들어, 사무실에서 근무하는 직원에게 정기적으로 생산 현장에서 직접 생산 작업을 하면서 시간을 보내도록 하는 방식이다.

거의 아무런 비용을 들이지 않고도 직원이 회사에 기여하게 하거나 회사 행사에 참여하도록 하는 방법은 많다. 예를 들어서, 팀버레인에서는 회사 파티 시간에 콩 주머니 넣기 게임을 하고, 점수에 따라 1년에 한 번 추수 감사절 행사 때 직원들이 각자 무슨 음식을 준비할지, 또 누구와 함께 준비할지 정한다.

팀 예산의 일정 부분을 교육비로 할당하는 것도 좋다. 이 예산은 오프라인 교육비로 사용될 수도 있고 온라인 강좌 비용으로 사용될 수도 있다. 중요한 것은 팀을 교육하는 데 투자를 한다는 사실이다. 이런 기회들은 관계망을 구축하며 인간관계를 강화하는데, 사업에는 말할 것도 없고 직원들의 개인적인 활동에도 도움이 될 것이다.

삶을 행복과 기쁨으로 가득 채워라

당신이 인생에서 하고 싶은 일이 있다면 지금 당장 시작하라. 당신이 되고 싶은 사람이 있다면 그 모습으로 나아가라. 가고 싶은 곳이 있다면 언제든 떠나라. 원하는 것이 있다면 그것을 손에 넣기 위한 첫 발걸음을 지금 떼어라. 관건은 '해라, 되어라, 가라, 가져라'라는 명령을 망설이지 않고 실천하는 것이다. 당신이 되고자 하는 사람, 이루고 싶은 성공, 성취하고 싶은 꿈을 그저 생각만 해서는 아무 일도 일어나지 않는다. 행동해야 한다. 바로 지금!

내가 바라는 희망은 단 하나다. 당신이 이 책을 덮고 현실 속으로 걸어 나갈 때, 내가 전한 사랑을 가슴에 안은 채 깊은 평화를 느끼는 것이다. 그렇다, 당신은 이미 여러 가지 도구를 손에 넣었다. 충분한 지식도 갖췄다. 이제 그것들을 사용해 마음을 흥분과 행복, 그리고 기쁨으로 가득 채워라. 가능한 모든 가능성을 기꺼이 바라보고, 상상이 현실이 될 수 있음을 의심 없이 믿어라.

하루하루를 당신의 커다란 꿈을 이루기 위해 작동하는 작은 순간들로 채워라. 당신이 맞이하는 1분 1초는 어떤 형태로든 축복이다. 비록 처음에는 축복이 아닌 것처럼 보일지라도, 모든 선한 것은 결국 당신을 위해 선하게 작동한다. 그러니 당신 주변의 선함을 단단히 붙잡아라. 긍정적이고 유익한 기회를 놓치지 마라. 당신을 최고로 만드는 사람들을 찾고, 그들이 당신을 성공의 길로 이끌고 밀어줄 수 있도록 곁에 두어라.

당신이 꿈꾸는 미래는 저 멀리 있는 것이 아니다. 그 미래를 지금 이 순간으로 끌어오려면 단 하나의 원칙을 기억해야 한다. Do-Be-Go-Have: 먼저 '행동(Do)'하고, 그 행동을 통해 '존재(Be)'를 정의하며, 자신이 가야 할 곳으로 '나아가(Go)', 결국 원하는 것을 '얻는다(Have)'는 원리다. 대부분의 사람들은 '무언가를 가진다면 원하는 삶을 살 수 있을 것'이라고 착각한다. 하지만 진실은 정반대다. 당신이 원하는 것을 갖기 위해서는 지금 당장 그에 맞는 행동을 하고, 그에 걸맞은 사람이 되어야 한다. 미래는 기다리는 것이 아니라, 행동을 통해 현재로 끌어오는 것이다.

'아직 시간이 많이 남았다'거나
'다음에 하지 뭐'라고 말하지 마라.
언젠가 '이미 늦어버렸다'는 말을
하게 될 수도 있기 때문이다.
살기 위해 억지로 일하지 말고,
즐기며 일하고 일하기 위해 살아라.

에필로그 ✦

모든 것은 이미
당신의 것이다

나는 고등학교를 중퇴했다. 지능도 아마 당신보다 낮을 것이다. 그렇지만 언어도 모르고 문화도 모르는 나라에 무일푼으로 와서 지금처럼 성공했다. 이런 나도 인생을 바꾸었는데, 당신이라고 못 할 게 있겠는가? 내가 태국 바닷가를 전전하면서 노숙을 하던 신세에서 세계에서 가장 화려한 해변 리조트들을 개발한 부동산 개발업자로 성공했는데, 다시 말해 노숙자에서 억만장자가 되었는데, 당신이 지금 원하는 바로 그 인생을 장차 만들어내지 못할 이유가 어디 있겠는가?

모든 것은 우리 마음에서 시작된다. 독자에게 이런 메시지를 전하고 싶다. 우리는 마법의 땅에 살고 있다. 우리는 이 땅을 보고, 탐구하고, 경험하고, 즐기기 위해 태어났다. 다람쥐 쳇바퀴 돌듯이 날마다 똑같이 반복되는 일상 속에서 '쥐들이 벌이는 경주'는 잊어버리고, 머릿속에 있는 생각 자체를 바꿔라. 훌훌 털고 인생을 즐겨라!

세상은 당신이 바라보고 정복하기만 하면 모두 당신의 것이다. 우리는 이 지상에서 매 순간 펼쳐지는 천국 같은 경이로움을 바라보아야 한다. 그러나 안타깝게도 우리의 정신은 스스로 이곳을 지옥으로 만들어버리기도 하며, 부정적인 생각에 사로잡혀 그것들에게 지배당한다. 그러니 반드시 기억하라. 당신이 하는 생각이 곧 당신 자신은 아니다. 당신은 자신이 가진 무수한 아이디어와 상상력을 통해 이 세상에서 놀라운 경험을 창조할 수 있는 강력한 정신적 존재다.

생을 마감하는 순간이 다가오면, 자기가 번 돈이나 산 물건들, 자기가 일군 재산을 기억하지 못할 것이다. 하지만 아마도 우리는 사랑하는 사람들과 이 멋진 곳에서 경험한 모든 것들, 즉 우리가 보고, 듣고, 느꼈던 모든 것들을 잊지는 않을 것이다. 사람들은 대부분 세상을 떠나면 행복이 가득한 땅이나 저주가 가득한 또 다른 땅에 갈 것이라 생각한다. 하지만 우리는 지금 이 순간 이미 서로 다른 2가지 땅에서 살고 있다. 이 땅에서 어떻게 살면 좋을지, 즉 행복하게 살 것인지 불행하게 살 것인지 이미 결정을 내렸으며, 거기에 따라서 살고 있다.

당신은 자신의 마음이 가진 힘으로 행복을 선택해야 한다. 생각과 행동을 바꾸면, 인생이 얼마나 아름다운지 놀라운 깨달음이 찾아올 것이다. 살아 있다는 것 자체가 우리 인간에게 주어진 가장 위대한 선물이다. 인생은 짧다. 그러니 "나는 못 할 거야"라는 의심이나 지레짐작은 당장 버려라. 그런 생각은 어떤 가능성도 허락하지 않는다. 모든 것은 당신이 어떻게 마음먹느냐에 따라 달라진다. 당신의 마음을 당신이 통제하라. 그러면 지금 상상하는 것보다 훨씬 더 많은 것을, 그것도 살아 있는 동안에 경험하게 될 것이다.

언제나 인생을 최대한 풍성하게 살아라. 그러면 세상 모든 것이 당신에게 행복을 가져다줄 것이다. 손을 뻗어 그 행복을 붙잡기만 하면 된다. 절대로 포기하지 마라. 어쩌면 내 모든 여정은 단 한 잔의 커피에서 시작되었을지도 모른다. 그리고 이 책은 지금 당신에게 그 한 잔의 커피가 되고자 한다. 이 책의 내용을 믿고 꾸준히 실천하라. 모든 것을 끌어당기는 원리들을 통해 커다란 성공을 이뤘다는 당신의 소식을 듣게 될 날을 나는 기다리고 있다.

모든 것은 이미 당신의 것이다. 당신이 그것을 가질 자격이 있음을 스스로 인정하는 순간, 세상은 당신을 위해 열릴 것이다. 원하는 삶, 풍요로운 미래, 그리고 빛나는 성공은 멀리 있는 것이 아니라 이미 당신 안에 자리하고 있다. 당신이 해야 할 일은 단 하나, 그것을 믿고 행동으로 끌어내는 것이다. 이 책을 덮는 순간부터 당신의 여정은 이미 시작되었다. 기억하라, 세상은 당신이 손을 내밀기만 하면 언제나 당신의 것이다.

노숙자에서
억만장자로

초판 1쇄 발행   2025년 9월 10일

지은이   안드레스 피라, 조 비테일

옮긴이   이경식

펴낸이   이진석

책임 편집   정윤아

디자인   한희정

펴낸곳   노들

출판등록   2023년 10월 26일 제 2023-000264호

주소   서울특별시 마포구 월드컵북로 400 서울경제진흥원, 5층 15호 (상암동)

E-mail   nodeulbooks@naver.com

ISBN   979-11-985601-9-3(03190)

- 책값은 뒤표지에 있습니다.
- 파본은 구입하신 서점에서 교환해드립니다.
- 이 책은 저작권법에 의하여 보호를 받는 저작물이므로 무단 전재와 복제를 금합니다.